Adaptation in immigration: Slav in America

(For reading in Russian)

by
Natalia Tkachenko

Bloomington, IN  Milton Keynes, UK

authorHOUSE

AuthorHouse™
1663 Liberty Drive, Suite 200
Bloomington, IN 47403
www.authorhouse.com
Phone: 1-800-839-8640

AuthorHouse™ UK Ltd.
500 Avebury Boulevard
Central Milton Keynes, MK9 2BE
www.authorhouse.co.uk
Phone: 08001974150

First published by AuthorHouse 02/08/06

ISBN: 1-4259-0387-8 (sc)

Library of Congress Control Number: 2006900067

Printed in the United States of America
Bloomington, Indiana

This book is printed on acid-free paper.

Stories by Natalia Tkachenko

Adaptation in immigration: Slav in America.

(for reading in Russian).

Славянка в американской глухомани, или личный опыт адаптации.

Рассказы Натальи Ткаченко

Содержание:

Предисловие и вступление.

Первые и последующие впечатления:

Стоимость жизни:

Работа:

Учеба:

Культура:

Путешествия. Отдых и развлечения:

- *Поездка в Иейл.*
- *Новогоднее путешествие в Вашингтон, или главная новогодняя елка страны..*
- *Как американцы развлекаются на юге.*

Социум:

- *Как Голливуд СССР надурил.*
- *«Крышепотечная» иимиграция.*
- *Уроки Орлеанского потопа, или семь дней из жизни урагана.*

Опять личный опыт адаптации:

- *Нет страховки - ковыляй на здоровье!*
- *Двухлетию эммиграции посвящается...*

О других:

- *Женщины и судьбы*

О себе:

- *Уж замуж не напасть!*

Перепросмотр прошлого:

- *Я - Колумб!*
- *Три «М».*
- *Наш старый Дом.*

Детям о детях. Филологические находки:

- *Забавные приключения Пирата и Малютки.*
- *Афоризмы от дочки.*

Эпиграф: Люди – как мамонты. Когда ресурсы истощаются, мамонты перемещаются...

Предисловие. В этой книге собраны 23 рассказа, написанные профессиональным литератором - женщиной в разное время иммиграции: по приезде, когда мироощущения были еще болезненным и острым и после, когда многое из эмоционального ряда стерлось или стало обыденым. Произведения, бесспорно, разной ценности и разного звучания. Их объединяет одно: искренность, желание высказаться, попытка рассказать то, что наболело, беспокоило душу, подогревало мысли.

Простите меня те, у кого иное восприятие мира...

Приветствую Вас, тех, кто мне созвучны! И всем спасибо...

Вступление. Как явление, брачная иммиграция это чем-то сродни химической реакции в неизвестным результатом, подобна психической болезни. Выживешь - не выживешь, найдешь - не найдешь себя, нового, дело случая и ТОЛЬКО твоих личных усилий. Подобно змее, сбрасывающей шкуру, и человек в новых условиях меняется, оставляя в страничках заметок прошлого себя. Для меня незнакомкой сегодня видится та героиня моих собственных опусов, которая, подобно Робинзону, на разных этапах своего иммигрантского опыта, фиксировала и осмысляла себя в рассказиках, разбросанных в таких женских интернет журналах как www.newwotan.ru, www.russianwotenmagazine.com и некоторых других и собранных целиком в электронной книге «Славянка в американской глухомани или личный опыт адаптации» на сайте http://world.lib.ru/t/tkachenko_n_n/

А ведь это к моему вящему удивлению была Я! Которая пугала людей своими проблемами и своим собственным страхом! Встреть я сегодня на своем уже «трезвом», осмысленном пути подобную дамочку, все думаю, стала бы я ее выслушивать? Советовать? Или лишь подобно старой бабушке- ведунье покачала бы головой, сказав вслух лишь тривиальное: «все перемелется - мука будет»...

Не знаю. Знаю, что мне уже чужда та недавняя героиня и ее образ. Мы, люди – как актеры, отыграв старые, вживаемся по быстрому в новые роли и познаем уже нового себя куда с большей охотой, чем признаем в себе старый, отживший образ.

А захочу ли я поделиться новым опытом с человечеством? Как знать... Если будет сильное внутреннее брожение – основа любой попытки что-то «сказать» людям, оно неизбежно выльется на бумагу. А если оно будет слабым - перед Вами пройдет лишь незнакомка, каких много, никому не приоткрывшая себя... И спасибо за внимание.

Ваша Наталья Ткаченко, автор сайта http://www.proza.ru/author.html?nata888

Итак, «Славянка в американской глухомани, или личный опыт адаптации».

...Здравствуйте, дорогие женщины! Почувствовала Вашу тоску по женскому устроенному благополучию. Попробуем-ка смоделировать кое-какие вещи, может, они окажутся Вам полезными. Начну со своего опыта, потом перейду на обобщения. Я занималась практической журналистикой десять лет, когда вдруг почувствовала, что, решая, обсуждая с читателями и обустраивая судьбы других, я автоматически лишена ... своей женской судьбы. Это было в 1998. Мне было 32 года. Я устала быть счастливым журналистом-прозаиком и одинокой несчастной женщиной, к которой мужчины залетали как ночные бабочки "на огонек", без всяких попыток взвалить мои проблемы на свои плечи. Проблем, как и мужчин (сюжеты описаны на моем авторском сайте), у меня было много, в основном, материального характера, связанного с выращиванием ребенка в гордом одиночестве при отсутствии сколько-нибудь серьезной поддержки. Я вдруг поняла: не перестану так активно писать и так активно воспринимать судьбы других, никогда у меня не сложится моя женская судьба (маленькая двухкомнатная квартирка, где со мной жили приходящие родственники, мизерные алименты, попытка заработать сразу на 5-6 газетах, чтобы выйти из финансового нокдауна, психологические проблемы с бывшей свекровью, итп). Тогда подфартило - мне предложили работу в инофирме, и я, еще не зная, во что окунаюсь, согласилась. В общем, пошло-поехало. Денег стало больше, с журналистикой в писательском варианте пришлось расстаться. Я тогда переключилась на астрологию и делая гороскопы для своего познания - любопытное хобби? - все-таки имела какое-то касательство к судьбам других людей, отслеживая их в развитии. Потом, отлюбив все свои старые любови, которые оказывались нерешительными по поводу построения общей судьбы, вдруг подсела на старый иностранный "чемодан", чисто из соображений любопытства. Чемодан был не простой игрой, а оказался целым ребусом, но он логически довел меня до мысли заняться поиском именно иностранного мужчины, так как, как я поняла из своего опыта, отечественные поизносились и на подвиги в общей своей массе, по ряду многих причин, не годились. Был год 1999, когда я впервые засела за сайты знакомств на интернете, с подачи моей 47 летней знакомой (она теперь замужем в Голландии), которая давно уже удила рыбку в этих водах. Нет, это были даже не сотни, а тысячи писем, разосланных во все страны мира (подробно в моем рассказе "Уж, замуж, не напасть"). И действительно. Из десяти отвечал один, и этот один испарялся на 3м – 4м письме. Но «блаженны верующие», или, как сказал Архимед: «Дайте мне точку опоры, и я переверну весь мир»! Так и мной первая точка опоры - бесплатный для журналистов интернет, была найдена. Не знаю, если бы я платила за эти регулярные 2-3 часа в день, достало ли мне бы сил вести весь этот многомесячный поиск? Но вот, мне подфартило и после стажировки в Америке, я была приглашена в Данию мужчиной - как бы по бизнес вопросам, но на самом деле цель была - знакомство. Там все могло бы сойти благополучно, но обстоятельства сложились так, что меня на перехвате словил мой нынешний муж... И поехала я совсем в другую сторону - в Америку...

Если кто-то скажет Вам, что все браки в зарубежье счастливы, цитируя Остапа Бендера, «смело плюньте ему в лицо» (улыбаемся). Я прожила здесь уже три полных года и, благодаря моим публикациям в интернете, заведя обширную сеть русскоязычных знакомств, скажу прямо: из ста процентов, может быть наберется процентов десять Золушек, находящихся в эйфории от своего принца, треть глубоко несчастна, а оставшиеся две трети, устав страдать, просто взяли судьбу за шиворот и пытаются заново себя построить, начав с самых простых и нетворческих работ. Претензии к иностранным мужьям, в основном, одни и те же: женщины оказываются в положении домработниц, с жестким подавлением их внутренних свобод при отсутствии материальной возможности самим стать на колеса самостоятельной жизни. Чем-то брак в зарубежье по уровню своих несвобод напоминает тюрьму, но мягкого режима: кому пишешь? о чем говоришь с подружкой по телефону? куда идешь? итп... Никто не будет стремиться делиться деньгами или особо вкладывать в дешевую славянскую рабыню, в ее образование и развитие - еще ведь уйти может! Так что автоматически доступ к цивилизации (где документы нормальные, как паспорт, порой ждутся годами, отчего многие и терпят), не дает доступа ко всем ее возможностям яркой культурной и материальной жизни. И самое главное то, что у нас в таком переизбытке было в Совке - к свободе!

Конечно, есть несравненные прелести нового стабильного уклада общества. Но ведь, парадокс, акклиматизация к этим прелестям с потерей тех ценностей, которыми мы дорожили на родине, идет столь болезненно, что очень большое количество женщин говорят, что если бы знали, как оно будет, может, и сидели бы у себя на родине. Но те, кто остался ТАМ, им не верят... Так что, блаженны верующие, ибо знают, что войдут в Царство

Божие. Блаженны ждущие свою гринку белые славянские рабыни, которые понимают, что сами заработать на такой уровень жизни, который они имели хотя бы у себя на родине, здесь не сумеют. И блаженны иллюзии, которые, поддерживая нас, все же заставляют идти вперед! Такое вот мнение на сегодня, уважаемые. Но вы и другие - не сдавайтесь, пишите, пишите в интернет. Любое движение вперед все же лучше, чем застой. И устав от старой мышеловки жизни, для перемены эмоций, можно попробовать и новую. Я никого не отговариваю. Но никого и не обольщаю. Я - за. За старое проверенное зло, которое лучше нового. И за новое, которое дается нам в отместку за прошлое. Так вот. Извиняюсь, если не слишком вдохновленное послание. Но оно правдивое, и такая правда лечебна. Если не для всех, то хотя бы для «посвященных»...

Первые и последующие впечатления.

Путевые заметки об Америке.

Перелететь океан и оказаться на другом краю земли, в другом полушарии, из Молдовы это многим кажется чем-то вроде неисполнимой мечты. И не только потому что полет в Америку дорог и не по карману жителям нашей, как они называют, "Европейской Азии". Устав от своих иммигрантов, приплывающих и прилетающих не только из Латинской Америки, но и отовсюду, США, эта последняя из оставшихся великих держав, не очень-то стремится открыть свои объятия региону стран СНГ. Может потому, что боится загадочного "русского феномена", а может, и по каким иным причинам. Поэтому, побывав на том, другом краю земли, ты для многих своих сограждан становишься как бы «избранным», призванным оповестить мир и сообщество, а как оно все-таки "там". Наверное, феномен загадочности того же "неуловимого Джо" из американских анекдотов в том и состоит, что его "никто не видел". Если бы больше наших соотечественников удостоились чести сами походить по американским мостовым, то убедились бы, что они отнюдь не вымощены золотом. И жизнь, как там, так и здесь, в своем первоначальном могуществе все та же. Так же люди любят и ненавидят, завидуют и ревнуют, работают до изнеможения и радуются своим детям. Все так же едят и пьют. Хотя здесь я несколько погрешу от истины. И пьют и особенно едят американцы по-другому. Сытнее, что ли. Вообще, самое сильное впечатление, которое остается от Америки, когда отвечаешь на вопрос "как там", это именно количество потребляемой пищи. Такое ощущение, что ест вся страна. Постоянно и сыто. Салаты в итальянских пиццериях и китайских ресторанчиках, булки с мясом и рыбой в забегаловках типа "Мак-Дональдса", индийские перченые рагу и экзотические десерты из фруктов, которые, кстати есть здесь круглый год. Последнее меня как-то особо задевало: ну ведь у нас в Молдове благодатная земля и теплый край, а клубникой балуемся только разве что в сезон, да и те, кому по карману. А у них, не то что виноград на широте штата Массачуссетс не растет, вообще в июне там только слива завязалась! Но это отнюдь не мешает им наслаждаться всеми этими вкусностями круглый год. Не производят, а потребляют выращенное в Мексике и в других странах с теплым климатом. И относится это не только к пище. Вообще, слагается такое впечатление, что постоянное обновление крови стареющей американской нации дают только имммигранты: венгры и корейцы, японцы и китайцы, французы, турки - всех не перечислить. И даже наши бывшие "совки", которых видно на первый глаз, даже если они уже осели здесь второе десятилетие. Кстати, как-то на первый взгляд беспричинно радуешься, глядя на этих вот старичков-пенсионеров, которые проникновенно разглядывают картины и замечательных здешних музеях. Радуешься за них самих, представляя их же сверстников в нашем регионе, влачащих жалкое существование за десятку-другую долларов пенсии, да и то, получаемой не вовремя.

Америка - страна высокотехнологичной цивилизации. Все здесь сверкает огнями, летает по воздуху, плывет по многочисленным, оставшимся в наследство от ледникового периода, рекам. Стоя в Нью-Йорке, в центре мировой цивилизации и действительно прекрасном в своем архитектурном великолепии городе, в районе бывшего Мирового торгового центра, можно наблюдать одновременно все переливающиеся электрическими огнями небоскребы, движущиеся по реке Гудзон скоростные теплоходы, а задрав голову кверху, удивиться обилию и стрекоту железных стрекоз - вертолетов, которые не столько транспорт для развлечений досужей публики, стекающейся сюда со всего мира, сколько, как и самолеты, нормальное средство передвижения. Люди не только летают, к примеру из Нью-Йорка каждый день на работу в Вашингтон, но и сами, предварительно все прокалькулировав, покупают самолеты - чтобы дешевле. Парадокс, но американцы, кажущиеся нам такими богатыми с наших берегов, у себя в стране оказываются до педантичности строги с деньгами, если не скупы. Потому что цена их доллара там и здесь другая. В развивающихся странах на доллар, к примеру, можно нежирно питаться день, в США это даже меньше чем пол-литровая бутылка минеральной воды, а из водопровода так никто вообще не пьет. И следят за своим здоровьем они не только потому, что так уж себя любят, сколько потому, что опять-таки, знают, сколько все это стоит вылечить. Так, чтобы к примеру, вставить зуб, который на родине Вам обойдется в 25 долларов, в Северной Америке за эту же процедуру вам придется выложить 500. 1,5 - за одноразовый проезд в метро и от двух до четырех - за проезд по мосту, а их в том же Нью-Йорке - сотни.

Вообще-то, побывав в трех крупных городах Штатов - Нью-Йорке, Вашингтоне и Миннеаполисе, и десятках самых красивых нашего южного региона, не побоюсь назвать Нью-Йорк столицей мира. Все здесь искрится, бежит, сверкает. Никто и ничто не может избегнуть участи удовлетворить все свои, даже самые немыслимые желания. Только на все это нужно время, время и еще силы. Умереть от голода и отсутствия заработка может разве что ленивый. Я говорила в Манхеттене с еврейским иммигрантом. Он подтвердил эту мою мысль. Для всех и каждого есть свое поле деятельности - в зависимости от вашего профессионального опыта и, соответственно, знания английского языка. Кстати о последнем. Языковой вопрос, как таковой, придумали разве что в Молдове и то определенные круги с целью поляризовать общество и разделить, соответственно, сферы влияния. Уж не каком языке говорит этот пестрый Вавилон - Америка и с какими акцентами и с какой привнесенной лексикой, ведает разве что один Господь бог да американские стилисты. При этом никому не указывается на ошибки или неточности. Просто такой спешный ритм жизни, что не до этого. И вы втягиваетесь. В бостонские нюансы, лос-анжелесский арго, втягиваетесь и вписываетесь в тот слой пирамиды общества, с которым вы на вашем уровне языкознания можете общаться. Про русскую диаспору, живущую в Бруклине - районе Нью-Йорка, где осели 4 миллиона "русских", даже есть шутки, что они живя тут по двадцать лет, уже обучили полицейских своему русскому языку. Конечно, в каждый шутке присутствует и доля истины, но все же от уровня овладения языком страны зависит и уровень интеграции в ее структуры и культуру. Помню реакцию девушки-продавщицы из магазинчика этого же русскоговорящего района: когда на мой английский "почем" она брезгливо скривила свой носик: «дескать, что же я свой язык забыла?» Да, с таким отношением к проблеме, так всю жизнь и проживешь на Брайтоне, не поняв и не приняв культуру приютившей тебя страны... Вообще-то, Америка - благодатный край для исследований всех мастей, страна широчайших возможностей и благодатной почвы для всех и каждого. Здесь ты - не инородец из не вписавшейся чужой среды, а даже с молдавским паспортом - свой в доску. Америка готова, как щедрая мать принять тебя и раскрыть тебе свои объятия, что бы об этом не говорили политики всех мастей и иммиграционные чиновники. Вообщем, виват Америка!

Путевые заметки об Америке свежим глазом.

Шесть часов утра - время для подъема. Организм перепутал абсолютно все, потому что я - в Америке. Америка - это не только почти что сутки (с пересадками и изменением часовых поясов) лета от Молдовы. Америка - это что-то вроде нашего мира, отраженного в стеклянном шарике. Он выглядит... наоборот! Впрочем, деловая столица их страны - Вашингтон, чем-то напоминает нашу доперестроечную Москву, где мне довелось учиться студентом. Тот же безупречный порядок на улицах, деловой ритм общественного транспорта, чистота и просторность метро, стройные ряды многоэтажных домов, спешащие и зацикленные на себе люди. Впрочем, о последних разговор пойдет позже и особый... Оказалась я здесь не просто. И вовсе не потому, что мои родственники – еврейские иммигранты, выписавшие меня сюда. Я приехала по приглашению американской стороны осветить проблемы "Женщин в бизнесе" и "Трафикинга (то есть вывоза на работу) женщин и детей" в нашей молдавской печати. То есть по сути дела - берешь и ориентируешься на местности. Встречаешься с людьми, беседуешь, а позже излагаешь на доступном твоему читателю языке увиденное и проанализированное. Но удовольствоваться только жесткими рамками протокольных бесед, если ты вообще никуда не выезжал из дома (денег не было), не возможно. "Хау мач?" Это касается и вашего потраченного на свое образование, внешний вид или на спутника жизни время, и конкретно упирается в то, сколько американское правительство выложило, чтобы профинансировав ту или иную программу, создать благоприятный климат в Европе. Почему же им так плохо живется без своей заокеанской, трансатлантической, как и 9-часовой перелет на самолете их авиакомпании "Дельта"соседки-Европы, не знаю. Но какое-то удушающее желание заботы, «кэаринг», чувствуется здесь во всем. Престарелая жена до смерти «озаботила» своей заботой мужа, а он ее - все это «кэаринг», и

12

это хорошо. Услужливые пешеходы сами предлагают тебе помощь - "хелп", когда ты не можешь сориентироваться у перехода по карте. Это также забота, «кэаринг». Она и в отеле в словах мексиканки- горничной, не надо ли мне поменять постель или комнату, если моя выходит на людную улицу, и в чиновнике, которому волей обстоятельств приходится иметь дело с твоими бумагами. Во всем есть заботливость, но нет неподдельного... интереса. Чем-то это напоминает мать, которая подустав от своих питомцев, разрешает им, с одной стороны, стоять на голове, с другой, совсем не разделяя их интереса, методично объяснять, что все это как бы лишнее. Обнаружилось, что потеряться в этой стране порядка - просто невозможно. Так мой самолет из Европы, прирулививший в Нью-Йорк, который показался мне с высоты приземления до боли родным и знакомым городом (а может это реинкарнация?), спокойно проглатывал с помощью компьютеров информацию с моих билетов и с помощью служащих (преимущественно цветного населения) указывал мне стрелки на новый авиарейс. Уже в Вашингтоне, через пару-тройку дней подмечаешь одну деталь: все официанты, работники отелей, охранники музеев, разнообразный обслуживающий персонал учреждений - в основном африканского происхождения. Из окна отеля наблюдаю сценку: во дворике близлежащего ресторана проходит банкет. Черный лакей, как и двести лет назад его предок, разливает белым господам вино... Что-то в духе старой колониальной империи. Совсем как пару столетий назад. В их современных фильмах этого не увидишь. А может это только Вашингтон?! Черные держатся обособленно. Как и белые. Черные - это особый клан в государстве. Который дальше прихожей на первый взгляд не пускают. Дискриминация? Или их невозможность учиться? Или еще какая третья причина? Разговорить людей на эту тему ужасно сложно. Почти невозможно. Видимо очень застарелая и деликатная тема. Американцев вообще разговорить сложно... Это поразительно, но даже 9 часов в самолете не смогли заставить мою соседку по креслу, директора одного из

нью-йоркских многочисленных музейчиков, просто "поболтать" на личные темы. Даже на профессиональные вопросы о работе, болевых проблемах, немногословный ответ и типичное "оу кей"! Ну не лезут они к вам в душу, даже если у вас душа нараспашку. И не известно почему. За четыре полных дня пребывания в Вашингтоне - ни одного нормального живого, переходящего в легкое приятельство, знакомства. Даже если ваш гардероб произвел впечатление на соседей по отелю - вдогонку лишь легкий вздох: "Могло бы быть, а не было!" Хотя все это милые, приветливые и деликатные люди. Но не больше. Наверное, и мы для них кажемся чем-то чужеродным и чужим... Удалось мне правда ненадолго разговорить владельца престижного бутика на центральной улице столице - Пенсильвании, Махмуда. Этот Махмуд, иранец по происхождению, по местным стандартам - человек успешный, рассказал мне как 25 лет ему непросто эмоционально живется в здешних "сухих" условиях, упомянул, что "спасается" здесь только благодаря семье и не пригласил даже на чашечку чая в соседний дворик - кафе. Хотела бы душа полета в рай, да, как говорится, грехи, то есть по здешнему привычки и традиции, не пускают. За рамками этих неделовых записок остались рамки делового протокола: встречи в Департаменте труда, Государственном департаменте, здании Рональда Рейгана с представителями комиссии по безопасности и сотрудничеству в Европе, Американской организации Юсаид, финансирующей микрокредиты в в СНГовском забытым богом, но не людьми, регионе. К этим встречам, и тем, что заботят сейчас официальную Америку, мы еще вернемся в своих репортажах. А пока день первый закончен. Пора отдохнуть.

Американские Робинзоны.

Завтра будет очередная годовщина, как мы с Билли поженились. Бумажные волокиты при этом, будто взошедшие на дрожжах, не прекращаются и по сей день. Сегодня выяснили, что для продления молдавского загранпаспорта в посольстве нашей маленькой пост-совковой страны, нужна так называемая консульская регистрация. А это дополнительные: время, нервы, деньги. Я, вообще, удивлюсь, если кто-то скажет, что после всех бумажных волокит, сопряженных с браком на иностранце, еще когда-нибудь появится охота брачеваться. Особенно в условиях бюрократической пост-советской тоталитарной машины. Так что мы с дочкой, как начинающие свое плавание на реке под названием «Неизвестность» Робинзоны, в дневничок, разделенный на полосы «черное-белое» ставим громадный жирный минусик. К нему мы еще вернемся, описывая мытарства и скитания по американским миссиям за рубежами Молдовы, а пока обратимся к положительным эмоциям, чтобы задержать внимание любезного читателя.

Громадный плюс, что даже живя в изолированных от громадного цивилизованного сообщества городов, в вообщем-то доисторической глубинке Америки, мы имеем возможность не только писать, то есть иметь русскую клавиатуру, но и читать: русские письма, статьи, газетные заметки на Интернете. Уж и не знаю, что человек пару десятилетий, а вообщем-то десятилетие назад делал без Интернет - связи. То есть жить-то можно было. Но а если путешествовать, уехать далеко от родственников, страдать о разрыва с родной культурой, мучаться, страдать и еще раз пытаться наладить связь, - то гимн тебе и хвала, детище человеческого разума, Интернет, продукт цивилизации конца 20 века, позволяющее объять своим вниманием родных и близких всего лишь за считанные минуты! Когда компьютерные системы, перекликаясь друг с другом, вдруг выудят столь ожидаемое и вожделенное, темно-синенькой маркировочки еще никем не распечатанное письмо из электронного ящика, и при этом, что немаловажно, имейте ввиду- никаких дополнительных затрат! Только те, что положены на покупку или аренду компьютера, модем и телефонную линию. То есть при условии первоначального инвестирования при частном индивидуальном пользовании в диапазоне 20 долларов в месяц можно себе позволить всегда, каждую минуту держать руку на пульсе времени. Так что в нашу тетрадку с дочкой, напротив жирного минусика проставляем такой же жирненький плюсик. Ну а дальше по аналогии - «жизнь в полосочку».

«Попались» мы жить в самую что ни на есть глубинку Америки, в Штат Миссисипи. Это откуда индейцы начинали свои бравые набеги на европейцев, оттесненные последними от восточного побережья. Это куда доставляли первых рабов в 16 веке из   другой «горячей точки» - Африки, за что американские переселенцы впоследствии расплатились сполна: черные размножились и стали отдельной кастой в этом большом многонациональном государстве белых, доставляя последним неоднократные рассовые неудобства. Мне они насолили только лишь тем пока, что сперли из машины Билла мою единственную и любимую кассету Розенбаума - связь со своей далекой родиной и культурой.

Жизнь в глубинке - все равно что отбывать наказание в Сибири в веке так скажем 18-19-ом за исключением, разве что, температурного фактора. Да, возразите вы, но ведь и коммуникация, и инфраструктура и та же система персональных авто и современные удобства – как это можно сравнивать?! Но, наверное, к удобствам быстро, как и ко всему хорошему, привыкаешь. А, во-вторых, самое, бесспорно, главное, здесь эмоциональный фактор. Изоляции и отрезанности от остального мира. Может в этом подмога и жанр семьи, где муж работает, не выходя из дома, и отсутствие у меня каких-либо выходов в свет, за исключением каждодневных поездок в школу за ребенком, в магазин, и по историческим достопримечательностям окрестностей в выходные (в диаметре 2-3 часов езды), но в том же составе маленького семейного экипажа. И единственная реальная возможность для меня, кроме интернета, коммуницировать с другим цивилизованным миром - это активизировать местную диаспору русскоязычных, проживающих в Америке. Так что опять плавно, со всем и «измами» передвигаемся к плюсику.

Мои земляки в Америке - явление, бесспорно неоднородное. Но всех нас при своей разности климатических, материальных и эмоциональных условий объединяет одно - легкая такая ностальгинка - еще пуповина не оборвалась с родиной-матерью, и желание ощутить себя «единым плечом». Хотя может насчет второго я и приувеличиваю, но когда случаются в интернациональных семьях эмоциональные кризисы, (а такое немудрено, если попадаешь в условия, прямо противоположные тому укладу, у котором жил ранее), так большинство условных «молдован» обычно готовы организовать друг дружке, если не физическую, то моральную и консультационную поддержку, наверняка. Конечно, процентов 80 из тех девушек и женщин, кто едет сюда, даже и не представляют, какого «кота в мешке» они отхватили в лице своего нового мужа, его социального окружения и страны пребывания. Американцам легко быть щедрыми, лишь во время добрачных визитов в Молдову, изображая из себя нуворишей и меценатов, щедро отсегивая «на пожертвования и подарки» тебе и твоим родственникам, дивясь на «смешные» молдавские цены. Ну ведь и взаправду, у нас любого можно купить на короткое время с потрохами за 100 долларов. Я знаю, что некоторые, не согласятся с моими резкими высказываниями в этом тексте, но позвольте мне, страдальцу, все-таки право на свою субъективность. Вы можете, развалившись в стареньком кресле своей маленькой, но уютной квартирки, смотреть родное телевидение, а мне здесь, озверевшей от нелюдимости и всех стрессов первого года, ох, как хочется выкричаться! Услышьте меня! Или хотя бы дайте право сказать!

То, что мои соотечественницы, некоторые и правду попадают в золоченные дворцы, но таких меньшинство. Американцы едут за нашими, ничего им (кроме транспортировки и стоимости на оформление документов не стоящими), работящими и нетребовательными женами, в основном, базируясь опять-таки на своем желании экономить. И полной психологической незащищенности женской стороны как в материальной, так и в юридической сфере. Как, к примеру, вы полагаете себя вести, если за тридцать минут до нового Года ваш мужчина, муж или парень, на вашей любимой, маленькой и гонимой родине, ни с чего начинает на вас орать, что он больше не берется финансировать вашего ребенка, и вы должны сами думать, как жить. Дословно это сводится к тому: «наш меридж»- брак окончен и ты можешь убираться и начинать новую жизнь. Это почти в 12 часов ночи! А куда - в лес, к волкам? Тут ведь до ближайшего гастронома порой рулить минут 30. И помятуя о том, что ваши эммиграционные чемоданы составляют весом более 100 килограммов! И Вы даже и при знании языка и легальных статусах пребывания плюс небольших наличных деньгах, совершенно беспомощный в этой стране человек! У себя в своем родном городе, вы или уедите к матери на маршрутке за лейчик (с вещами позже разберетесь), или, «судьбе вопреки» выставите благоверного самого на мороз. Благо волки на улицах моего родного города Кишинева, как, к примеру, в нашей деревне - хуторе, не воют и койоты не шныряют в 20 метрах от дома. Здесь же вы просто надолго закусите удила и просидите в комнате ребенка в бессонных болезненных страданиях до утра. А потом пройдет день взаимного молчания - и все равно придется налаживать отношения. Потому что без них – никуда. Ни на работу не устроишься, ни в службу эмиграции и натурализации не отправишься. И на хрена нам сдались эти американские бумажки?!. Что у нас своих, гербастых, не было?

Так я плавно, опять с положительного - ощущения плеча моих однополчан, товарищей по судьбе, молдавских женщин, плавно перешла на конфликты в семье и невозможность их застарелые последствия анулировать. Дружелюбие ведь, как и недружелюбность, имеют свойство накапливаться. И у меня еще, как говорится, самый легкий случай. Лучше помолчу в этом контексте о судьбе других моих приятельниц - жен американцев, это трагедии достойные пера их классика Теодора Драйзера, а не моего журналисткого скорочтения.

Итак, дорогие читатели и подруги, подводя итоги этого короткого, наскоро, рассказа, какие можем сделать выводы? Проникновение в чужую культуру, жизнь, быт, всегда болезненно, даже если это включает брак из самых светлых побуждений. И на каждый самый малый плюс - приобретение документов, дающих, к примеру, право свободно путешествовать по миру, возможность учить ребенка в нормальной современной школе, найдется двадцать, ну хотя бы десять минусиков. Для того, чтобы путешествовать, нужно сначала как-то накопить деньги. А для того, чтобы учить ребенка здесь, надо иметь такой крутой пакет «несесситис»- необходимостей, что покупка автомобиля - единственного доступного транспортного средства в условиях больших расстояний, - окажется лишь первой буквой «А» алфавита. Да, здесь всегда найдутся люди, которые вас поймут и поддержат, и необязательно это будут коренные американцы - у них, как говорится, свои страдания и молитвы. Да, здесь смешными кажутся наши усилия купить пищу, притащить ее с базара, как на родине, разругавшись с продавцами из-за недовеса, и готовить ее часами, снискав славу доброй хозяйки. Здесь есть в супермакретах все, что пожелает душа, и много в полуприготовленном очищенном виде. Ваш высший кухонный «пилотаж» будет заключаться лишь в том, чтобы эту пищу (недорогую в общем пакете потребления) разогреть в микроволновке или духовке. Здесь по-настоящему хорошо заасфальтированные улицы и нет волокиты с бумажной бюрократией - так водительские права из штата в штат, при условии, если вы нигде ничего не нарушали, а это опять-таки быстро по компьютеру проверяется, можно получить за считанные секунды. Здесь есть свежий воздух и экологически незагрязненная вода для питья, здесь есть медицинская страховка, жесткая социальная структура помощи одиноким, оставшимся без родителей детям. Так на щите скоростной дороги в столицу их штата Джексон висит плакат: «Если у вас нет возможностей вырастить Вашего ребенка, мы возьмем на себя заботу о нем». И телефоны и адреса какой-то их ответственной за это службы. Здесь в выходные можно не гонять тараканов по кухне густонаселенных отечественных квартир, а потратив 2 часа вождения в одном направлении и соответственно 3,5 долларов на бензин, посмотреть, к примеру, замечательные домовладения плантаторов, разводивших здесь сахарный тростник и хлопок в прошлом веке.

Конечно, такой материальный фактор, как «нечего кушать», как на исторической родине, потому что «зарплату не дали», здесь полностью отпадает. И у ребенка появляется перспектива для обучения – даже в высшие учебные заведения можно взять заем, который потом, уже во время работы, он сам и будет постепенно отдавать. И муж у тебя появляется, совсем не советский, с его привычными походами «налево» и в сторону, а хоть пусть и не богатенький по местным меркам, но добытчик. Но при этом ты неизменно, приобретя на одном полюсе «иметь материальные блага» неизбежно теряешь на другом - духовном. Никаких тебе рериховских лекций в Органном зале за 3 лейчика. А даже если они где-то и проходят, то явно не в вашей хуторочной неизвестности, и рулить до них может дня два, а то и три пути. И никаких других попыток местного населения обрести духовность, группируясь в общинности. И никаких ярких кинопремьер в кинотеатрах, а «почто», если на телике 300 каналов - были бы глаза смотреть на все это, кстати, неплохое разносолье!. И потом самое страшное - никаких живых друзей, разве что проявляющихся из прошлого в интернетной виртуалии. Ну не принято здесь неформальное живое общение, разве что в студенческих кампусах, но для этого надо жениться на американском пионере, а не пенсионере, а молодежь не очень то стремится к браку и брачной ответственности.

Книг, опять -таки, нет на русском, разве, что заказать по интернету из русских магазинов Америки, при этом самая небольшая потянет долларов на 10 вместе с доставкой. И музыки нашей у них нет, и вина. И душевной щедрости и богатства. Есть другие качества, может и не худшие, но нам они в диковинку, а не в привычку. И потому кажутся чудными и чуждыми. При том, что я — человек открытый чужим культурам. Но приехать в гости за рубеж на недельку- другую и жить в гостях — это совершенно разные вещи. Не знаю, как мне и другим моим соотечественницам запоется, когда мы найдем рабочее место и станем работать? Может по закону компенсации, получая регулярную зарплату, за пусть и не творческую, но не раздражающую работу, оценим вкус стабильности. А может возьмемся в один день за шапку, да ребенка в охапку, и отдав все, что скопил за двойной билет, рванем в свое родное зарубежье: на маленькую, Богом и людьми позабытую, убогую Родину, в Молдову, в привычный бессарабский пестрый говор. Потому что родина - мать-земля наша, а не любить родину и мать просто невозможно, нельзя. Ибо от крови своей не отрекаются. И от муки. И от боли... Главное, чтобы она от нас не отреклась...

Ах, эмиграция, или каждому - свое...

... Я смотрела в окно. На меня в отражении на фоне льющегося потока дождя уставилась женщина средних лет с крепко сжатыми челюстями, пристальными и как бы пронизывающими глазами, с твердой печатью на челе: эта знает, чего она хочет... Кто она, эта незнакомка, снизошедшая ко мне в моем почти монашеском лесном одиночестве? Я знаю ли ее? Когда-то была с ней знакома? Или это просто случайная душа, заглянувшая ко мне на огонек?..

Я в задумчивости подобрала зубочистку и стала деловито и собранно ее покусывать. Лесная незнакомка также ответила мне движением челюстей. Я отправила ей удивленно-вопрошающий взгляд: кто ты? Она ответила на вопрос таким же риторическим вопросом.

- Мы знались когда-то? - мысленно спросила ее я.

- Едва ли, - ответила она. Последний раз ты была моим отражением еще до этой эмиграции, два года назад. Такая робкая, вопрошающая, романтически возвышенная и как бы боящаяся спугнуть судьбу. Ты плакала, когда впервые увидела эту землю. Не от счастья - от боли, от предощущения того, сколько придется пережить и какие свои отражения ты увидишь в недалеком будущем.

Ты боялась водить машину, серьезно опасалась завязать контакты с местным населением с уверенностью, что не поймут широкого размаха иностранной души.

Тебя душил испуг, узнав цены на жизнь на местном рынке, и обнаружив впервые в собственной истории невозможность зарабатывать на достойную таковую своими руками.

Тебе долгое время, незнакомка, почему-то казалось, что виноват во всех твоих бедах, столь сильно изменившейся судьбе кто-то другой, третий, но не ты.

В жадных попытках обнаружить родственную душу, ты ринулась в мир виртуального пространства и открыла для себя такие же сотенные, а может и даже тысячные армии отчаявшихся, потерянных, потерявшихся в собственных переменах душ...

У тебя болезненно и мучительно изживали себя старые клетки, не только душа, но и физическое тело.

Откуда-то клыками полезли и так, что от боли захватывало дух, зубы мудрости – как невидимые клыки яростной агрессии и угрозы миру: ты - мне, а я – тебе вот как, ах!..

Первый раз сама сев за руль автомобиля, как будто приняв глоток для храбрости, ты испытала такой головокружительный, жгучий эмоциональный оргазм по возвращении назад живой и невредимой, что еще после, весь вечер скакала неуспокоенная и захлебнувшаяся от собственной храбрости покорения и одоления новых вершин.

Ты тосковала болезненно и мучительно: и рождались письма во все концы света – сотни и тысячи компьютерных строк, которые объединили тебя через интернет с живущими. Это как перестукивание по камерам приговоренных. И мир узнал о твоей судьбе и ответил своей эмпатией.

Ты кусала губы, но стискивала челюсти и шла вперед: рвалась за руль и рулила по четыре часа в оба конца, чтобы сесть за студенческую парту и вновь почувствовать себя с профессионалами на равных, но уже в этой стране.

Ты бесконечно дописывала резюме, добавляя в приложении документы, и слала их тысячами пульсирующих точек. Это было как SOS: я снова хочу найти свое место в мире!

Ты примирилась со ставшими заурядными, отказами официальных чиновников: для иностранцев мало места в чужих границах.

Ты долбила дятлом себе и окружающим: я есмь ЧЕЛОВЕК! Я был профессионал! Я хочу вновь кем-то стать! Где мое место в жизни?

Мужья подруг дружно отвечали тебе: у плиты! Другие, их антагонисты, советовали: надо делать шаги: по одному каждый раз и открывать новые двери. Всем им спасибо.

Ты меняла и примиряла себя с миром вовне, параллельно налаживая мир изнутри. И он, такой же замкнутый, прошло время, перестал казаться *адом. Вернее, сам по себе внутренний мирок не изменился - изменилось к нему отношение. Рай и ад - внутри нас. Так что...*

Ты стала видеть людей. Не то, чтобы насквозь, но многое в изоляции, уединении и тишине двух прошедших лет, вдруг обрело особую ясность, прозрачность. То есть, неправда больше не представлялась своей противоположностью, и многие человеческие мотивы бывших и будущих: родных, друзей, коллег, однополчан, стали вдруг очевидными, как рисунок через целофан. Не стало слово, однажды произнесенное, рядиться в одежды: оно несло сразу понятие, свой первоначальный смысл и оттенок...

Менялись лица, действующие герои и города. Менялись декорации, но не менялась суть. Отпустила болезненность, пришло насыщение и осознание многого. Сокровенного, глубинного, недосказанного в этом контексте. А зачем? Определенный уровень осознания не выразить вербальными понятиями. Каждому свой час и свой путь, как сказанное в добиблейские времена - каждому свое...

...В отражение мокнущего от дождя окна, на меня по прежнему смотрела собранная, знающая цену земному женщина. Это была Я. Которой я не знала...

Это был еще один этап, проторенный среди препятствий путь. Смерти не было. Была боль и был катарсис, приблизивший к очищению. Еще одна ступенька. Рано уходить? Надо еще чему-то научиться? Ах, эмиграция!..

Стоимость жизни.

Рассуждения о стоимости жизни в США, или

добро пожаловать в Wonderland!

В последнее время в периодических изданиях частенько звучат споры о стоимости жизни в США. Иные суждения видятся весьма радикальными. Приведу свою выкладку, основываясь на нашем домашнем бюджете и известных мне сторонах бюджета моих многочисленных и разбросанных по всему США знакомых. Во-первых, даю цифру - среднестатистический бюджет средней американской семьи составляет от 25 (очень низкий доход) до 36-40 тысяч долларов в год (показатель средний по штатам). Где-то уровень доходов выше, но и уровень жизни, вернее расходов на нее соответственно. О так называемых местных «крутых» - докторах, лоерах и бизнесменах в этом контексте я рассуждать не берусь. Итак, бензин на одно авто это – до 250 долларов в месяц. Поскольку в семье это единственный жизненно необходимый транспорт, то двое взрослых будут потреблять из семейного бюджета в районе 500 долларов в месяц за бензин (средняя оплата за галлон - а это около трех литров - 2 доллара). Естественно, при такой интенсивной эксплуатации автомобилей (пару часов в день руля как минимум), износ тормозных колодок даст о себе знать раз в год, как и износ резины на колесах. А чтобы заменить их на одном только автомобиле, - это 400 плюс 400 за колеса долларов за год. Ну и масло поменять, пройти техосмотр – от 1000 в год уйдет на поддержания «здоровья» одного автомобиля, плюс страховки в районе 50 долларов в месяц на машину - добавляйте еще 1000-1200 в год на оба авто. Итого, чтобы двум взрослым живущим вместе членам семьи содержать две не новые, скажем честно, модели автомобилей, единственно на которых можно добраться и в магазин, и в школу, и в больницу, и на работу - ну нет здесь альтернатив публичного транспорта или их крайне мало! - в год пойдет от 8 тысяч долларов и больше. Так что авто в Америке не роскошь - а средство передвижения! Я говорю, в основном, о тех авто, которые пребывают еще в том возрасте, когда им не нужен генеральный ремонт. А при замене развалюшки и покупке более жизнедеятельной модели, прибавляйте выплаты по заему или прямые расходы из кармана. Если вы не хотите «барахлюшку», то начинать искать надо исходя из цены в 6-8 тысяч долларов, но лучше 9-12 (это, как правило, авто бывшие в лизинге у фирм года три с малым пробегом и небольшими затратами на ремонты). Если хотите новое авто – готовьте от 24 тысяч стартовых или в рассрочку под 6 процентов годовых на 5 лет, и плюс ну ОЧЕНЬ дорогую страховку!

Жилье. Снимать жилье стоит от 600 до 1200 и выше долларов в зависимости от штата, города и местности. Плюс коммунальные платежи: долларов 150 за электричество, 50 – за воду, 50- за телефон с интернетом, еще 50 за мобильный и карточки для звонков на родину. То есть коммунальные сами по себе около 300, и аренда как минимум годовая (у Вас должна быть хорошая кредитная история, чтобы вас допустили в «приличный» дом). Хотите свое жилье - готовьтесь к скрытым расходам, которые не покажут первоначальные банковские калькуляции. Если вы берете заем на строительство или покупку собственного дома в банке на 30 лет под в среднем 6 процентов годовых, то стоимость такого сооружения за 30 лет как легко можно высчитать практически утраивается. Поэтому люди, готовые к покупке жилья, кладут большую сумму в основании своего договора, чтобы меньше платить процентов по заемным деньгам. Если вы становитесь собственником, то автоматически получаете новые расходы: на страховку своего жилья от разных бед- непогод (это от 1000 долларов в год) и плюс налог на собственность. Что ж, за престижность надо платить! Хотите иметь бессонные дни и ночи, помноженные на годы? Если нет денег и гарантированного источника дохода, но есть имперские амбиции – залезьте в покупку недвижимости - не одна семья уже себе (особенно из выигравших гринки и не имеющих опыта жизни в США), себе на этом зубы поломала. Дом для Вас это очень много? Хотите разделить его с соседом, *купив кондо? Что ж, готовьтесь к выплатам ежемесячным в ассоциацию владельцев кондо - до 200 зеленых. Если кто-то скажет, что американцы все жмоты - не верьте, - просто тут ничего на деревьях не растет и никакой добрый дядя беспроцентную сумму в долг не даст - за все будете платить и платить жестко! Это не халявное российское госжилье времен социализма, и даже не приватизированные хрущевки. А здесь: нет проплаты - сваливайте без слов и писка.*

Дома - мерило благосостояния в Америке. Они могут стоить совсем ничего, или очень много - и быть не по карману среднему классу. При том что американцы не скупердяи, а просто люди, у которых при всех их кажущихся огромными с другого берега доходах, такие же пропорционально большие расходы. Итак, калькулируя стоимость содержания двух авто в семье от 8 тысяч долларов в год, прибавляем еще как минимум 12-15 тысяч за аренду небольшой квартиры из расчета 1000 долларов в месяц (и это в лучшем случае)! Будем складывать дальше? Восемь по минимуму да плюс двенадцать равняется? Правильно – двадцать тысяч чистоганом. Так что, если Вы рассчитываете при низкоквалифицированной работе с средней оплате за нее от 20 тысяч в год жить с размахом – сидите-ка лучше дома на родине, радостнее и дольше проживете! Я упущу тут такой вопрос, как оплата американскими мужьями алиментов своим «бывшим» женам или даже когда-то по глупости усыновленным приемным детям - цифра эта может оказаться просто астрономической и на многие годы испортить Вам и сон, и аппетит. Не буду упоминать также, что часто, чтобы избежать чрезмерного ассимилирования Вашего ребенка с собратьями по разуму другого цвета и других жизненных ориентиров, Вам придется выбросить на ветер (вернее на школьное образование) начиная от 3 до 5-10 тысяч «баксят» в год за частную школу в зависимости от штата. Чем более престижный штат и город вы выберете, тем дороже будет «песня». Эти расходы можно отнести к тому, что американцы называют «мисченлэнжез», то есть непредвиденные. Так что если вам, какая-то подружка, выигравшая гринкарту, «заливает» по телефону «баки», как она хорошо живет на 25 тысяч долларов в год со своей зарплаты менеджера среднего звена - не верьте ей! Скорее всего, она одинока и живет в квартире любовника, и на ней пока не висят долги и обязательства перед собственными детьми, и она просто рада, что удрала от контроля родных и близких так далеко - не достать! Говоря о тех самых «непредвиденных» расходах, я аккуратненько прибавляю к гипотетическому семейному бюджету еще скромно 10 тысяч и получаю искомые 30. Итак, у нас осталась еще ну очень маленькая сумма до искомых 40 тысяч среднего дохода средней американской семьи, на которую надо одеваться (что в общем пакете потребления и при условиях сезонных распродаж здесь не дорого, по грубым прикидкам, неприхотливому человеку в год на гардероб и его обновление нужно от 500 долларов, но есть и такие таланты, которые будут носить свой гардероб десятилетиями!). Плюс по 100 долларов в неделю на малогабаритную семью с гипотетическим одним ребенком на питание – вот Вам еще 400 в месяц или 5000 в год. Итак, у нас настучало уже 35, вернее 36 тысяч (с одеждой). Остались малые крохи - 4-5 тысяч в год, с условием, что у Вас есть работа и зарплата и вы не попали под сокращение, из которых если не платить медицинскую страховку, то все равно хоть пару раз в год придется заглянуть к врачу, оставив часто за это бесполезное для болящего посещение от 100 долларов и выше. Ну, а уж если Вас «развели» на дорогостоящее обследование, или Вам по срочным медицинским показателям пришлось провести пару дней в больнице (от 1000 долларов за сутки), или Вам надо оформлять иммиграционные бумаги, то я уже начинаю трепетать за вашу кредитную карточку и проценты, которые она съест при «заеме» денег на серьезные медицинские и прочие жизненные «вмешательства». Так что если хотите болеть и лечиться – отложите-ка это лучше до пенсии - получите Медикеа или Медикейд - что заслужили, тогда и лечитесь до посинения за счет налогоплательщиков - все равно как бы и бесплатно! Или «дуйте» на родину к дешевым врачам (это от 1000 долларов на билеты на самолет, ну и все такое прочее). КАЖДАЯ семья по итогам года платит еще и налоги - и часто еще государству нужно будет с тех гипотетических 40 тысяч отстегнуть от 1,5 - 2 до 3 тысяч и больше - в налог!!! Плюс бухгалтера нанять, чтобы самому с калькуляциями не ошибиться! Ну что, если еще и после этого Вы хотите жить и зарабатывать в Америке, то не буду Вас больше утомлять своими «страшилками»! Бог в помощь! Только, заклинаю, имейте хорошую специальность (типа компьютерщик, он везде, и даже в Африке, и даже с российским дипломом - первый человек), или выясните, чем и сколько зарабатывает и расходует (кому должен и сколько) Ваш благоверный, чтобы потом не мотать сопли на кулак. Да, люди исхитряются, и живут, и домой не рвутся, а еще и посылают родне по сотке к праздникам, но поверьте, американское благополучие, кажущееся таким завидным из-за «бугра», на деле не подкрепляется современным развитием экономики этого континента. Мы в СНГ еще живем стереотипами об Америке пятидесятых, времен экономического подъема, а на дворе ведь уже двадцать первый век! Засим прощаюсь! Добро пожаловать в Wonderland, где ни пряники, ни коржики на деревьях не растут. Это не только моя субъективная оценка - это итог моего почти трехлетнего общения с многочисленной армией новоприбывших: жен американцев, победителей грин-карт лотереи и нелегальщиц. Ждем-с, приезжайте! Страна большая – места хватит всем, только чур, потом не жаловаться!.. С уважением Наташа Ткаченко Автор сайта http://www.proza.ru/author.html?nata888 И книги «Замужем за Американцем: рассказы русской жены» на www.hometown.aol.com/nntkachenko

Работа.

Работа - не волк, но я хочу работать!

Помните, эту старую поговорку. Обычно ее присказывали нам наши старые бабушки, но и многие женщины старше тридцати пяти, отпахавшись и отработавшись у себя на родине, как говорится «за себя и за того парня», мечтательно вздыхают спревоначалу - вот мол, в кои веки, в иностранном браке, отдохну. Благо, даже мораль нового общества не возбраняет, а как бы приветствует женщину сидеть дома, особенно в сельской местности, где полно забот по хозяйству. Но, проходит отпределенное время - обычно оно начинается с отсчета в полгода, когда старая нервотрепная жизнь уже совсем или почти позабыта, и растущие возможности общества социального потребления заставляют вас оглянуться вокруг – ну раз ездят люди на своих джипах, и носят бриллики, раз в почтовую рассылку приходят заманчивые предложения круиза на Мексиканскую Ривьеру на теплоходе «Принцесса», значит, наверняка, есть кому все это потреблять. Тем более что предел мечтаний после полугода жизни в Америки потолком «затариться в «Вол- Марте» явно не ограничивается. И в поисках дополнительных источников средств существования, помятуя старую внедренную в сознание пролетарскую формулу, что все зарабатывается своим трудом, и четко зная, что доходы вашей семьи, увы, не миллионные и новых чудес ждать неоткуда, наслышавшись об американском чуде - что можно и на дом и на машину и на Гаваи своим горбом исключительно, ты обращаешься к газетным колонкам с предложениями по найму на работу. Скажу сразу, что такое зондирование местности на предмет трудоустройства, я вела, как только приехала. Время, увы, поумерило мои амбиции. Так что делюсь накопленной информацией - может у кого есть и другой опыт... Итак, одно из первых объявлений, как только прорезались мои финансовые аппетиты - работа на почте, заработок 47 тысяч в год- для Америки – офигительные деньги. Причем объявление не требовало предыдущего опыта и специальных квалификаций, сулило все возможные страховки и пенсионный план и я решила- будь что будет - сменю- ка я, интеллектуалочка и белоручка, предыдущее жизненное занятие на более простое и доходное. Но не тут то было. На работу в такие госучреждения, как я поняла после звонка, берут только людей с американским гражданством - а мне до него еще пилить и пилить... Итак, вариант номер один накрылся и я плавно подступила к вариантам два и три. Продавец в мебельный салон. Съездили, посмотрели, прямо на нашем, как мы говорим, хуторе. Работа не пыльная, цель, как я шутила - украшать мебель. Потому что магазин от наплыва покупателей явно не задыхался. На мое резюме, сданное вовремя и по правилам, никто никогда не позвонил и не ответил - я связала это с отсутствием у меня американского опыта. Дальше - больше. Тут как бы фортило прямо в мои ворота. В местный - всего 20 минут езды от нас – колледж, требовались преподаватели по паблик рилейшнз и имиджмейкингу – как раз то, что я знаю, умею и люблю и чем в последние годы занималась, работая на две известные международные компании у себя на родине. Скажу дополнительно, что поиском аналогичной работы в любом уголке США я занималась и через интернет - точно не считала, но думаю, что разослано мною было до сотни резюме и предложений- ответа ни разу!!! не последовало. Выводы делайте сами...

Так вот, колледж этот затребовал у меня бумагу, что я не возражаю, что по поводу моего прошлого их частный детектив проведет расследование. Ну какое у меня прошлое, которое могло бы меня или их смутить? – конечно, я не возражала. Дело с наведением справок обо мне затянулось на четыре!!! месяца, потому что уже подавая заявку на другую вакансию в этом же колледже, я случайно узнала, что документы мои давно проверены и находятся в особом файле для потенциальных кандидатов, но к этому мне был необходим еще пакет документов с университета, который я закончила, по количеству учебных часов по прослушанным предметам. Мне никто об этом до сего прекрасного и вдохновенного момета, конечно, не сообщал. Что ж, хотя б я в файле...

Когда мне стихийный безрезультатный поиск работы по интернету и по объявлениям в газете в течении полугода поднадоел, я узнав о том, что существуют так называемые биржи труда в каждом штате, взяла мужа за жабры: «или работу подавай, или за куховарничание плати!!!» Ох, и не любим же мы, интеллигенточки, изобретать по три блюда в день!!! И хотя мой американский супруг особо не горел желанием отпускать меня на работу, идея платить мне за ведение домашнего хозяйства его тоже не грела. И мы, скрипя совместной душой, отправились в соседний городок прокрупнее, давать мою заявку на рабочую жизнь.

Скажу сразу, что встретили меня здесь, как и везде в подобных учреждениях приветливо - им за то и деньги платят. Очаровательные старушки-пенсионерки сразу поняли мое желание найти работу, хотя бы парт- тайм, чтобы дома не было «bored»- «скучно», занесли все необходимые данные в компьютер и велели подождать за столиком, листая объявления о вакансиях в регистрационном журнале. Моим путеводителем в мир американского найма рабочей силы, стал бондовских форм темнокожий мужчина по имени Зап. Красивый персонал- ничего не скажешь - работает на американскую биржу труда. Зап был впечатлен моей квалификацией и сам подобрал мне первое предложение - специалиста по коммьюникейшн в банк столицы штата, отправил по факсу мое резюме и велел ехать туда в следующий четверг, что мы благоразумно и сделали. Банк, однако, фактом местного моего резидентства потрясен не был, видно безопасность этого учреждения требовала непременно гражданства их страны, и дав мне заполнить опять-таки то же самое разрешение от моего имени, вести расследование по поводу моего прошлого, меня с богом послали..., вернее отпустили, но мне показалось, что послали, потому что в отличии от других претендентов, бывших здесь же, со мной даже никто и разговаривать не стал, взглянув на мои эммигрантские бумаги...

Конечно, я разобиделась, я ведь так люблю перекинуться с оффишиалз хоть парой фраз, но они почему-то видно сочли, что прибывают к ним из нашей тьму- таракани только глухонемые иммигранты, и в следующий поход к моему куратору по поиску работы, я так и выложила – дескать дискриминируют у вас тут новоприбывших по признаку гражданства. На что темнокожий работник государственной конторы снисходительно мне улыбнулся – дескать, кому как не ему на собственной коже это знать.

И предложил мне на выбор: на полставки библиотекарем на 5 долларов в час с выходными, в «Вол-Март» на раскладку товаров за 10, в госпиталь на телефон за 7.50, но с ненормированным графиком: то есть могут вызвать и ночью, и в праздник. Но меня – то пока не припекало - мне хотелось нерпеменно творчества и креативности в работе, поэтому в грузчики и в госпиталь я не пошла - а библиотекарская позиция на проверку оказалась занята.

Потом замелькали как в кино - разные тесты в разных учреждениях, якобы местающих нанять Вас на работу (это при конкурсе 12 человек на место!) в програмах Офис 2000 на секретарские роли, ТОЙФелы: баллы на знание языка, евалюейшены: подтверждения диплома. Потом я вдруг вспомнила, когда читала очередную вакансию, что ведь в свое время окончила еще и музыкальную школу, и что, может, хоть в церковь музыкатом, хоть на кейборд в негритянское шоу уж наверняка - то возьмут! На проверку церковь оказалась в 2 часах езды (что уж там ездить, тут летать можно!), а шоу-пипл показались индивидуумами с такой нестабильной психикой, что продолжать с ними хоть какие – то отношения было бы просто опасно. Ну чего стоит звонок дамы продюсера в 10 часов ночи - это в Америке-то, с предложением приехать сейчас -таки ко мне (а что тут так без приглашения набиваются? – это даже в моем Кишиневе не слыханно), чтобы передать мне дискету с ее музыкой (но почему ее нельзя было выслать в конце прошлой недели по почте, как мы и договаривались?) И это «финты» только после одной личной встречи, где эта потенциальная работодательница, вместо того, чтобы спрашивать, что я умею, ежесекундно переключалась на моего мужа с вопросами не знает ли он людей, которые хотели бы инвестировать в ее шоу? Желание понятное, но соблюдайте пожалуйства приоритеты, мы ведь не в цыганском таборе, и по логике собирались говорить о моей!!! работе. Вообщем, от такой отведенной мне ничтожной роли в ее сознании, я решила посмотреть на нее со стороны - ногти с грязными ободками, волосы какие-то жирные, нечесанные, о том, сколько я могу заработать не было и речи, потом эти ненормированные ночные звонки - уже не на игле ли эта тетка с шоу бизнеса? Мы всякой швали и в своей стране навидались, чтобы тут еще раз влипать.

...И поэтому снова, сегодня, на этой или на следующей неделе, я пойду к своему куратору Запу по поиску работы – тут на телевидении промелькнула реклама, что нужны рекламые агенты в газету и кто-то на аналогичные позиции на канал новостей на телевидение – может будет мне новая наводочка?..

Учеба.

Учеба в Штатах, или по Суворову: «не легко в ученьи, легко в бою».

Большинство тех, кого волна эммиграции занесла сюда из бывшего Союза, как правило, уже имеют диплом о высшем образовании. И не беда, если Ваш английский все же оставляет желать лучшего - вы запросто можете получить местный вариант своего привезенного диплома, всего лишь...отправив его на эвалюацию по адресу www.wes.org или www.ece.org. Это процедура займет небольшой отрезок времени в 4-5 недель, и обойдется порядка 120 долларов за услугу. Вам нужно будет лишь перевести все имеющиеся корки об образовании на английский (заверения нотариуса при этом не требуется, то есть переводить можно самостоятельно), и не забыть запросить выписку количества учебных часов по предметам из своих бывших вузов тем, у кого этой бумажки нет.

И хоть учились мы с вами в университетах и институтах по 5 лет, не рассчитывайте получить американский Мастерс (это что-то типа нашего кандидата наук). Пусть даже количество учебных часов, которые вы набрали в своем вузе намного превышает их запрос на соответствующий уровень в местной школе («скул», то есть школа - это традиционное название для всех учебных заведений, начиная от «хай скул» до колледжей и университета). Организация, которая будет эвалюировать ваш диплом, в присланном вам документе меленьким шрифтом укажет, что данные курсы не могут быть засчитаны как «градиют программз». А это означает, что будь вы даже семи пядей во лбу, на определенные должности вам с вашим советским или пост -советским дипломом не устроиться. К примеру, на преподавательские должности в университетах и колледжах. А даже если и посчастливится быть каким-то там третим ассистентом профессора, знайте, разница в зарплате между Баклорсом и Мастерсом - это как минимум 15 тысяч долларов в год. Так что, есть стимулы работать над собой.

Кто то, наверняка, скажет учиться после 35 лет- хммм! Или: «чего я такого не знаю, что они мне там расскажут?». Но под лежачий камень все равно вода не потечет, тем более здесь, и работу никто на дом не приедет и не предложит - разве что нянчить чужих сосунков. И поэтому, если вы хотите в новой стране преуспеть (а торопиться все равно некуда – впереди еще добрых 25-30 лет до пенсии), то надо рассмотреть все варианты получения местного образования на уровне Мастерс программ. В своей области, той, которую Вы хорошо освоили на родине, знаете и любите.

Это требует изучения как минимум 10 предметов (кредитов) по 3 кредитных часа каждый. То есть, чтобы получить три кредита по отдельному предмету, надо посещать все восемнадцать (плюс-минус) занятий по этому предмету в семестр, успешно сдать два экзамена - мидтерм и файнал, написать один или несколько проектов, законспектировать учебник, отксерить в бибилиотеке массу дополнительной литературы (в основном статей из научных журналов) и по большинству из них сделать в печатном виде обзор. Один предмет в неделю читается на протяжении 2 часов 50 минут с перерывом в пять минут. И если вы возьмете в семестр, к примеру 3 предмета, то просидеть вам за школьной партой в течении 4 месяцев нужно будет 180 академических часов!!! Но это будет только 9 кредитов из искомых предполагаемых 30 для получения диплома. То есть учеба на Мастерса в своей области, при самой интенсивной нагрузке съест как минимум 3 семестра, кучу денег (так оплата одного предмета начинается в «градюит скулз» от 600 долларов – помножьте на десять), вберет в себя необходимость покупки книг (от 200 и выше долларов в семестр), потом учтите затраты на бензин и амортизацию своего автомобиля, обязательную плату за парковку в университете (это до 100 долларов за год), плюс деньги на легкий «снэк», то есть, чтобы перекусить - и Вы обнаружите, что образование в университете – занятие дорогое и не каждому по карману.

Что делают в таких ситуациях люди бывалые? Во - первых, пытаются найти работу в этом же самом университете. Если вы один из многочисленных ассистентов представителей университетской администрации на полной ставке, то вам, помимо основного заработка положены бесплатные посещения двух предметов в семестр, и при небольшой зарплате в где-то 18 тысяч долларов в год, то есть «полторушка» в месяц при загрузке в полные восемь рабочих часов), Вы экономите минимум 6000 долларов за время обучения на Мастерс *программе. Плюс, как работник на полную ставку, получаете бесплатную*

страховку, и сможете починить свои зубы, вставив ужасные металлические

пластины, которые сейчас «писк» местной моды. Только скажем честно,

никто нас, таких красивых, с улицы, ни на какую подобную работу (разве что

убирать университетские туалеты) сразу не возьмет - и опыт американский

отсутствует, и язык, каким бы хорошим не казался, все равно, не всегда

соответствует (особенно спервоначалу) местному акценту и нюансам. Так

что остается вариант номер два, если у вас нет налички - брать

университетский заем. Для этого нужно пойти в «файненшиал офис» вашей

школы и взять соответствующие бумаги. Некоторые делают это он – лайн:

распечатывают бумаги с интернета. Чтобы получить «шарик»:

определенную финансовую помощь, которую в отличии от заема, возвращать

не следует (а рассчитана она в основном только на Бачлорс программы),

нужно представить документы о доходе Вашей семьи, и если он у Вас ниже

среднего минимального по штату, то можете ждать положительный

результат в течении полугода. То есть наша пословица «готовь сани с лета»

как нельзя больше подходит вопросам получения американского

образовательного документа.

Для того, чтобы проверить ваши шансы на поступление на Мастерс

(в большинстве школ ваше среднее GPA должно быть не меньше трех (как

они его высчитывают для меня до сих пор большая загадка), вы должны

запросить в вузе штата (лучше своего, резидентом которого вы являетесь,

тогда не надо плать дополнительно «аут ов стайт тюишн») пакет

документов, которые вам надо предоставить, вместе с академическими

рекомендациями. Их могут дать вам люди, которые имеют уже научные

титулы и звания, и могут засвидетельствовать вашу профпригодность и

способность к академическому образованию. Не стоит забывать камень

преткновения для большинства новоприбывших - язык, протестировать

уровень которого потребуют, сдав в специальных метропометрических центрах *TOEFL, GRE* или *GMAT,* в зависимости от вашей специальности и требований вашего вуза. Это займет дополнительное время на подготовку (есть специальные семинары) и дополнительные деньги (от ста пятидесяти долларов за тест до тысячи за трехмесячных семинар по *GMATу,* который необходим для тех, кто собирается делать Мастерса в области Бизнес Администрейшн – самого популярно нынче диплома). Вообщем, деньги, деньги и деньги. Плюс время, время и время... Помноженные на ваши силы и желания.

Не стоит создавать себе иллюзии, что можно безболезненно работать днем в лавочке, а вечером, взяв заем, получать американский диплом. Учеба, и необходимость проводить в библиотеке энное количество времени, съест все ваши силы и все выходные (кроме разве что каникульских). Из положительного во всем этом то, что вы заведете новых знакомцев и будете знать, как ведут себя местные в социуме «изнутри». Из отрицательного – не всем может понравится ваш акцент и вы сами, потому что как бы Вы не пытались казаться подобным – вы всего лишь белая ворона в этой стае, которая тоже решила поклевать общий каравай. Ведь будущие профессионалы - это не только милые образованные люди, они - ваши соперники в будущей борьбе за место у работодателя. И будьте уверены, они дадут вам это почувствовать!

Так что если Вы и впрямь решили учиться, выберите школу и прикиньте свои шансы: образовательные, финансовые и временные. И знайте, что минимум полтора - два года вам будет чем заниматься и интеграция в новое общество пройдет быстро и относительно безболезненно, чем если бы вы просто сиднем сидели дома или работали на низовых работах...

Культура.

Особенности культуры в Америке, или как ее искать...

Мое рассуждения – отклик на тему "Есть ли культура в Америке?", которая часто муссируется нашими славянами и европейцами. Позволю высказать в этом контексте свое частное мнение. Культура в одноэтажной Америке есть, только надо знать, где и как ее искать... Одних объявлений на газетных полосах, увы, едва ли будет достаточно. И поначалу, среди унылого агрикультурного и лесного пейзажа, и собственных проблем, связанных с адаптацией едва ли что-то можно разглядеть. Но проходит время, и как в обойме просчитываешь патроны, что увидел, и что как говорится «выстрелило», то есть оставило след в памяти и дало толчок эмоциональному ряду... А для того, чтобы что-то найти – надо доехать хотя бы до границы своего штата с соседним. И тогда на пути, как обычно, окажется центр информации для туристов, так называемый «Welcoming center», где можно «на шарика» попить «угощательный» кофе и также «затариться» всей необходимой брошюрно - буклетно - печатной продукцией о всех достопримечательностях вашего, да и соседнего штата...

За неполные три года в США мне лично довелось увидеть 8 крупных и десяток мелких городов, несколько десятков объектов культуры, таких как музеи, архитектурные ансамбли, побывать на нескольких концертных постановках.

Итак, позвольте перечислить и порекомендовать кое-что из уже увиденного. Во- первых, интересными для меня стали музеи искусств в таких городах как Джексон (столице Миссисиппи), Новый Орлеанз (Луизиана), Бирмингем (Алабама), Метрополитан Артс Мюзеум в Нью Йорке, Смисониан коллекшн в Вашингтоне, картинные галлереи в Виллиамстауне штата Массачусетс и Йейле, где расположен знаменитый Иейльский университет (как шутят, университет президентов).

В музеях естественной истории многих из перечисленных выше городов, вы найдете много необычного из эпохи ушедших времен, костюмы, детали быта и многие подробности, которые позволят составить вам представление, как эта культура здесь развивалась и складывалась.

Всегда по доброму трогают Живые музеи - маринариумы и дельфинариумы побережья Мексиканского залива, куда выходит южная часть США, где Вы сможете наблюдать жизнь рыб, дельфинов и даже антарктических пигвинов, а также других экзотических представилей животного мира через стекло.

Необычайны и всегда на практически любой вкус будут интересны зоопарки. Мне повезло увидеть несколько: в Вашингтоне, Нью Йорке и у нас в Джексоне.

Особый пласт культуры США - архитектура некогда рабовладельческого Юга. В городке, что расположен практически в устье реки Миссисиипи, Natchez, вы сможете не только пройтись по красивым улочкам, выстроенным в эпоху французской колонизации, но и насладиться действующими музеями в домах прошлых веков «антибеллумной эпохи». Это и форт Rosalie, и мансон Melrose, и в восточном стиле Longwood. А также узнать о том, как жили индейцы в этих местах до прибытия Европейцев.

Если появится деньги и время - всегда открыт для людей всех возрастов Диснейленд во Флориде. Прекрасны и природные памятники – такие как пещеры имени покорителя Америки прошлых веков Де Сотто в Алабаме, где естественная комбинация сталактитов и сталагмитов, наросших под землей в сочетании водных озер, сделает вашу поездку незабываемой. Или крепость - форт «Массачусетс» на одном из островов Мексиканского залива со стороны Американского побережья, один в один напомнила мне Сорокскую крепость Петровской эпохи, сооруженную на моей родине, в Молдове.

Если быть внимательным, отслеживая газетные объявления, то в весенне-осенний сезон всегда можно найти пару-тройку фестивалей джаза, оперы и блюза, тут уж, как говорится, на «любителя». Часто концерты заезжих музыкантов могут проходить в помещении церквей, or local colleges, так что надо наладить контакт и с жизнью столь обширной в США церковной и образовательной общины.

Правда, вся возможность «окультуриваться» зависит от того, работаете ли вы, и как часто ваш плотный график и финансы позволят заныривать в толщу вод современной разбросанной американской жизни, чтобы добыть, вынырнуть и насладиться еще одной жемчужиной под названием искусство...

Диалог цивилизаций.

Давайте сразу скажем так: тот, кто боится или не хочет меняться, тому за рубеж (замуж, на работу или учебу) ехать не следует. Жизнь в новом месте, а шире, новой стране, и даже в разных точках этой страны – это постоянные перемены. Причины, по которым уезжают русскоговорящие, бывшие советские граждане, разнообразны и многочисленны. Но один из факторов, решающий для большинства, общий: больно, страшно, но не уехать нельзя. Особенно положась на рисковое русское «авось» или фразу из Пер Гюнта «Неси меня кривая, неси нелегкая». Жизнь – это такая спираль: в самом отъезде уже посеяны семена возвращения: к самому себе, на родное пепелище, к своим истокам... За свои более чем три года проживания на северо-американском континенте, а подробнее – в столь распространенной тут сельской местности «одноэтажной Америки», на Миссиссипи, мне судьба подарила лишь одну русскую невиртуальную знакомую – мою соседку, бывшую москвичку, которая проживает здесь уже 10 лет и прекрасно адаптировалась. Вы не представляете, какой чудесной музыкой кажется родной русский язык, впервые услышанный после почти что двухгодичного молчания в окружающей среде! (разговоры в семье с дочкой на родном языке - это другой счет). Общаются ли русские между собой? - да, общаются. И примером тому многочисленные интернет - издания для женщин, которые проживают за рубежом и шире – в каждой конкретной стране. Эти издания сами по себе в особой рекламе не нуждаются, но все же назову их для тех, кто еще в интернет-поиске: www.russianwotennmagazine.com, www.russianwotenabroad.com, www.newwoman.ru. И, хоть все мы разных национальностей, из разных мест и с разным жизненным багажом, интерес к своей, славянско-русской культуре, имплантированной нам при социализме, огромен. Примером тому русские воскресные школы и востребованность эстрадных концертов российских исполнителей. Русские книжные и видео интернет-магазины на www.kniga.com и www.rbcmp3.com, продуктовые точки, русские on-line аптеки, такие как www.herbhealer.com. Из изданий на русском языке я лично держала в руках в разное время такие как «Мы и Америка», «Чайка», «Вестник», «Курьер», «Кстати». А ведь из десятки, если не сотни!.. В таких изданиях есть и реклама услуг русских лицензированных адвокатов, докторов, компаний по продаже-покупке недвижимости, о кружках для русскоговорящих детей.

С американцами (коренными), рожденными здесь, общаться можно, но сложно. Они – другие. Хоть и по происхождению своему европейцы, но сознание их устроено по- особому, отличному от нас, славян способу. Перефразируя опять же классика: «что русскому хорошо, то западнику - смерть». Я имела возможность изучить американский мир «изнутри» в местной школе, и скажу: да, они добрые, хорошо сбалансированные люди, но многие наши особенности, кажутся им чудачествами. Да, они Вас выслушают, иногда с интересом, иногда просто из вежливости, но не поймут ваших побудительных причин. И в этом весь наш «диалог» цивилизаций. Общаться с ними можно, «плакаться» - нельзя. Не принято. К этому как к необходимому и достаточному условию привыкаешь. А по душам поговорить? Это становится роскошью в общении. Изменилось ли мое представление об этой стране за это недолгое время? Да оно меняется каждый день, Отношения со страной и людьми – это то, что видоизменяется и то, что выстраиваешь каждый день...

Америка - страна разнообразных возможностей, но чтобы хоть десятую часть из задуманного реализовать, надо применить такую недюжинную энергию, что «халявой» новая жизнь явно не покажется. Все, что будет «завоевано», будет добыто ценой большой крови, больших нервов и большого пота и напряжения.

P.S. Немного о себе: родилась в СССР, училась в Москве (МГУ). Более 12 лет проработала журналистом в Молдове- на своей родине. Подрбнее о карьере на www.iatp.md/jurnalist В США с 2001 года. Автор страницы на сайте www.proza.ru/author.html?nata888 и на http://world.lib.ru/t/tkachenko_n_n/
Автор двуязчной книги на русском и английском языках «Замужем за американцем: рассказы русской жены». Подробности на www.hometown.aol.com/nntkachenko, где описана история моего знакомства и мой первый опыт в Америке. Контрибьютер статей на сайтах женских иммиграционных интернет изданий. Хотите найти: задайте фамилию и имя в поисковиках на обоих, русском и английском языках. И спасибо за внимание!

Путешествия.

Поездка в Иельский университет.

North или то, что Американцы называют Север, расположен на широте нашего Киева. Сюда входят штаты Нью-Йорк, Массачуссетс, Коннетикут и некоторые другие. Мы с нашим штатом Мисссиссипи традиционно относимся к югу. И об этом мне постоянно напоминала пятиклассница дочь, сопровождавшая меня в этой поездке и примерявшая фразы из школьных учебников на картины действительности. Я ничего не знаю о противостоянии северян и южан в годы борьбы за права чернокожих, поэтому впечатления классифицировала совсем по другому принципу.

За 5 дней деловой поездки, призванной освещать наше созданное еще летом 2001 года в Кишиневе первое молдо-американское кино о трафикинге женщин под названием «Бухарест-экспресс» (подробнее о фильме желающие могут узнать из сайта www.bucharestexpress.org), нам довелось побывать в двух крупных центрах культуры – Иельском университете и Школе журналистов Колумбийского университета и соответственно городах – Нью Хевене и Нью Йорке.

Нью - Хевен в переводе означает «Новый Рай». Сюда бежали пуритане Англии в 17 веке, чтобы иметь возможность свободно исповедовать свою религию. Небольшой, но приближенный по вкусам к европейскому облику, городок в 125 тысяч жителей, расположенный на берегу океана, может похвастаться не только старинной архитектурой (о вкусах владельцев говорят построенные примерно в то же время особняки, впитавшие в себя разные традиции и разные культуры), но и одним из самых знаменитых вузов, или как его еще называют «университет для президентов», названного в честь первого спонсора Иейла. Как пошутил рассказывавший нам местные легенды студент - экскурсовод, если бы вуз не был назван в честь этого господина, он получил бы имя второго претендента, спонсора мистера Дамма (А «dumm» как известно в переводе «тупица»). Но вузу повезло – он взял имя первого, а в память второму можно увидеть мемориальную табличку на одном из одновременно жилых и учебных корпусов колледжа этого студенческого кампуса. Вообще-то учиться в Иельском университете - вопрос не только престижа, но и хорошего достатка (за год это обойдется вам или вашим родителям порядка 34 тысяч долларов). Всего учиться – 4 года. Конечно, часть средств вы потом сможете вернуть во время учебы, оплачивая заем своей работой, или получая гранты. Но все-таки основную часть денег придется вернуть университету уже самому в годы работы. По статистике, даже выпускники такого престижного университета как этот, порой ищут работу в течении 18 месяцев. Но это уж, как известно, кому как повезет.

С историей университета связаны многие интересные легенды, и о первом американском шпионе прошлых веков, которым был выпускник Иейла (монумент которому расположен тут же), и о первом женском общежитии, где на 400 дамских душ располагался один лишь мужчина – спонсор одного из зданий середины прошлого века, который по легенде, якобы, женился на одной из воспитанниц заведения. Иельский университет обладает богатой коллекцией картин, полученный как дар от меценатов разных времен и эпох, с их естественным желанием войти если не в общую, то хотя бы в университетскую историю. Галлерея для посещения бесплатна, как, впрочем, и другой музей, расположенный почти напротив – Британской живописи, и для Америки, с их недешевыми билетами в Музей изящных искусств «Метрополитен» и даже в музей Естественной истории в том же Нью- Йорке, это выглядит нетипично, и очень обрадует ваш кошелек. Хотя, будем справедливы, музеи Смисониан в Вашингтоне (а их десяток), тоже всегда открыты для посетителей бесплатно.

Чем еще отличается Север от нашего Юга из того, что бросается в глаза? Вовсе не климатом. Он и здесь умеренно мягкий. Пожалуй, большей осмысленностью в лицах. На прокопченных от автомобильного угара улицах Нью-Йорка, особенно на Манхетенне, куда больше колоритных лиц, с признаками пытливого интеллекта, чем на добрых провинциальных окраинах.

Наверное, как все передовое из России в свое время стремится в Москву, так и все передовое Американского континента, да, наверное, не только и его, стремится в Нью- Йорк. Хотя по сравнению с прошлым моим приездом в этот город летом 2000, мне он показался прямо противоположным, по вызванным у меня эмоциям. Вместо вдохновленного и полетного, приземленным и озирающимся. Вместо чистого и светящегося - мрачным и грязным. Но может это только мое личное восприятие? А может пережитки еще неизбытой сентябрьской трагедии. Или предощущения каких еще иных печалей и бед...

Несмотря на привлекательный в глазах провинциалов всего мира облик, мне показалось, что жить в Нью- Йорке практически невозможно. Кроме неверояной загазованности воздуха, так что и в начале апреля трудно дышать, такая же невероятная дороговизна. Простенькая двухбедрумная квартирка в зависимости от района (от Бруклина до Манхетенна) варьируется от 600 до 2500 долларов. Так что если хочешь жить в районе поприличнее, с парком или набережной, без хлама и цветных в окрестностях – плати. Даже элементарная бутылочка родниковой воды, которая будет стоить 30 центов при покупке оптом и доллар двадцать пять в дешевом китайском ресторанчике, здесь, на знаменитой 5-ой Авеню обойдется в 2.50. И так во всем. Есть деньги на досуг - раскошеливайся! Заработал здесь же - потрать! Одно из священных правил капитализма и любой рыночной экономики.

Еще одна интересная деталь. В ходе поездки мои боссы по кинобизнесу, не только оплатили мне любезно авиабилеты (если лететь на субботу в ночь и оставаться до середины следующей недели, то цена билета будет в 10 (!!!) раз меньше), но и останавливали меня с дочкой на ночлег в своих домах или домах своих знакомых, инвесторов нашего фильма. Не хочу показаться неблагодарной, но если ты владелец дома ценой от полумиллиона до миллиона долларов, даже и старинного, не поленись - наведи в нем *порядок!!! Потому что таким отсутствием вкуса организовать свое жизненное пространство, могут страдать разве что ... миллионеры. Еще раз подчеркну, это не попытка обидеть, большое им всем за возможность бесплатно переночевать спасибо! Это просто культурный шок человека маленького пост- советского мирка, который к чему- к чему, уж привык делать порядок в своей малогабаритной квартире.*

И несмотря на то, что и едят и пьют американские как я их называю «околомиллионеры» сытнее (кто там их дохода реально подсчитывал?), все же назвать их более счастливыми людьми нельзя. Как хорошо, что человеческое счастье - не привилегия кошелька, а лишь личной внутренней культуры и собственного везения! И тем менее понятна попытка иных из них навязать свою форму существования для всего во внешнем мире. Так достойная дама, супруга продюссера, мать четырех взрослых дочерей, усиленно привязывалась к мой тогда еще одиннадцатилетней, только что приехавшей в Штаты, дочери, пытаясь заставить ее нелепо по-американски постоянно улыбаться. Это тоже кажется немного странным для пост-советских глаз и воспитания. Потому что в нашей большой некогда и необъятной стране если кто постоянно и улыбался блаженной улыбкой, так это дурики с психиатрической лечебницы для душевнобольных.

И такая подмена порой подлинной культуры - псевдокультрой, реального многоплановой образованности – для галочки законченным дешевым колледжем, подлинной человечности и интереса к ближнему - формальными подарками и открытками родственникам к праздникам, чувствуется здесь повсеместно. Страна, рожденная под зодиакальным знаком Близнецов, все больше исповедует принцип, «не быть, но казаться», означенный их же драматургом Сомерсетом Моэмом. Она кажется страной многоликих масок, жемчуга, рассыпанного в стойбище для свиней, вечной попытке познать истину довольствуясь лишь призраками миражей. Где ты, настоящая Америка, отзовись?!..

Новогоднее Путешествие в Вашингтон.

Часть первая. Новогодняя Елка столицы новой страны.

С чего начиналось наше путешествие в Вашингтон? С объявления в интеренете о распродажах предновогодних туров ну по ОЧЕНЬ доступным для американского потребителя ценам, куда входили перелет и отель в центре столицы новой родины. И, убедив мужа, что приключений на свою голову мы с дочкой в путешествии искать не будем, вернемся через пять дней (три целых дня в столице музеев плюс два дня перелетов), мы получили вожделенное электронное подтверждение о купленных билетах и зарезервированном номере отеля в течении нескольких минут.

День первый путешествия в аэропорту начался с того, что авиакомпания, якобы методом случайности, выбрала нас для проверки багажа. Думаю, всему виной моя иностранная фамилия, к тому же в молдавском написании. Проверка означала, что тетечки и дядечки в формах безопасности сначала переворошили с ног на голову наши два больших рюкзака, а потом специальным магнитом обшаривали нас самих на предмет взрывчатки и оружия. Удовольствие не из приятных, тем более, что персонал в столице Мисссиссипи Джексоне куда как отличался персонала Вашингтона своим обхождением не в пользу первых. Немного переварив первый камень преткновения в пути, мы двумя самолетами – через Мемфис добрались к вечеру до столицы.

Четыре года назад, однажды побывав там, я была уверена, что с наземным и подземным транспортом мало что изменилось - и была не права. Сейчас из зала прилета я не попадала прямиком в метро, и, поскольку аэропорт расширился, должна была сесть в аэропортовский, впрочем бесплатный, экспресс -автобус, который провез нас пару минут до вожделенного дешевого мира подземного сообщения. Немного покрутив долларовые биллы перед автоматом, мы, благодаря солдату, возвращающемуся из Ирака, обнаружили, что минимальная стоимость билета, будет один доллар и сорок пять центов, а остаток, умная автоматическая подземная касса, сама вернет, отсщелкнув билетик на выезде. Куда вы сможете при следующей поездке добавить следующий доллар, взяв там же, в подземке карту передвижений поездов.

Итак, всего четыре станции - и мы в центре, в десяти минутах хода от Капитолийского холма. Если бы мы просто заказывали гостиницу без покупки авиабилета, она обошлась бы нам в два раза дороже!.. Так что, имейте это в виду, те, кто едет в самостоятельные туры - оптовая цена лучше розничной!

Отдохнув для порядка минут сорок в отеле и напялив на себя по две пары легких мисссссипских брюк и по два свитера, мы пустились в свое первое вечернее путешествие по столице Вашингтону. И отправились мы сразу к сверкающему, как на картинке, куполу Капитолия – центру политической жизни США. Даже ночью там усилены наряды полиции в автомобилях, но путешественников никто не беспокоит – и мы вскарабкались на возвышенность, подойдя к главной елке страны. Это стошестилетняя Вирджинская красавица, отмахав в высоту двадцать пять метров (восемьдесят два фута), была украшена четырьмя тысячами игрушек и поделок и пропутешествовала несколько тысяч миль, чтобы попасть в центр всеобщего обозрения. В свете ночных огней и близости к канонизированному символу верховной власти США, зрелище очень вдохновляющее!

Следующее утро, имея в распоряжении три полных дня, чтобы успеть домой к Кристмасу, мы начали с похода в музей индейской культуры. Надо сказать, что основная масса главных музеев этого города, располагается в центре на так называемом Национальном Молле, в диаметре от нескольких десятков метров до двух километров друг от друга. То есть общественный транспорт, нам за все эти три дня не понадобился. Объединены музеи старинного и современного искусства, природы, истории, космонавтики, истории Америки, под одной общей крышей и общим названиям Смисониан, и имея в своем распоряжении четырнадцать миллионов экспонатов новейшего и прошедшего времени, все, включая зоопарк, являются БЕСПЛАТНЫМИ!!! То есть окультуриваться, добравшись в Вашингтон сможет любой интересующийся, без различий, что иностранец, что местный. Чем не пример подражания музеям других стран, где часто с иностранцев «дерут» повышенную цену!

Нововыстроенный музей индейской культуры, с высоты птичьего полета по форме напоминает большую стопу, направленную к Капитолию. Этот символ наших предшественников на американском континенте - индейцев, а также песнь современного покаяния перед тем, что разрушила или не уберегла история. На четырех громадных этажах множество экспонатов, несколько интерактивных кинозалов, где действие можно одновременно смотреть на круглом потолке, на стенах символического жилища индейцев - вигвама, и на магическом камне в центре округлого зала вместимостью на триста восемьдесят мест, камня, который, видимо, символизирует очаг и «сердце» любого дома.

Самое интересное, что и сотрудники этого зала, тоже оказались индейцами по происхождению, и в недолгой очереди ожидания перед повторяющимся каждые пятнадцать минут фильмом, я узнала, как девушка – индейка, росла и развивалась в Небраске, как семья ее хранила и передавала свою культуру подрастающим детям.

Одно из несомненных достопримечательностей этого настоящего музея двадцать первого века – не только солнечные часы, отмечающие радугой время на стенах и полу через пробивающееся стеклянное отверстие в куполе, и не только уникальный магазин сувениров, где представлены поделки, музыка и современные книги - исследования о жизни этих первых обитателей Америки, и даже не компьютеризированный библиотечный центр на втором этаже, но и на мой скромный взгляд, незабываемое уютное кафе настоящей индейской кухни, в которым мы полакомились дважды - тортиями с бобами и цыпленком со специями, жаренным инюдком с тушенными фруктами и даже мясом дикого буйвола, или какого еще редкого лесного животного, которое, будучи мясом, по вкусу не напоминало ничего до этого хотя бы единожды пробыванное. Вообщем, и цена каждого блюда была не драконовская- шесть долларов семьдесят пять центов, так что будет время и настроение отобедать «по индейски», адрес вы уже знаете.

Как следует подкрепившись, мы отправились на просмотр в следующий музей напротив - старинного и современного искусства. Фламанская и флорентийская живопись ушедших веков, итальянская эпоха Возрождения, импрессионисты двадцатого века, вообщем, такие имена, которые многие из нас знают только по книгам - Тициан, Рембрандт, Мурильо, Рафаэль, Веласкес, Моне, Дега, Сезанн, Ренуар, Тулуз Лотрек- всех упомнить в коротком неискусствоведческом контексте просто невозможно. Если вы любите живопись - то этот адрес вы уже тоже знаете – Вашингтон, музей под объединенным названием Смисониан, а конкретно музей искусств западный корпус. (В восточном корпусе располагается современная живопись).

Следующим объектом нашего внимания в тот же самый день стал музей естествознания, сосед музея искусств. Обладая ограниченным количеством дней на «окультуривание», мы что называется, «пили» искусство большими «дозами», а не тянули в трубочку соломки. В идеале - на детальное рассмотрение, и чтобы не «перебрать» впечатлений - одного-двух музеев в день больше чем достаточно!

Но вот мы уже в третьем - музее естественной истории, где причудливых форм кости динозавров, прекрасно уживаются с чучелами тигров, бизонов и прочих обитателей животного мира. Для детей любого возраста зрелище более чем захватывающее! На втором этаже этого громаданого здания в одном из залов проходила выставка минералов и драгоценностей – и мы увидели не только природные камни, но и настоящие алмазы и бриллианты королевской коллекции – корону второй жены Наполеона, ожерелье с голубым бриллиантом в 42 карата другой казненной французской королевы, которое вот уже три века путешествует из рук в руки казненных и убиенных особ. Так что дочка мне даже фотографировать этот бриллиант не рекомендовала, рассказав сколько он приносил проблем своим владельцам.

Итак, к трем часам первого дня беглый пробег по музеям, начатый в десять утра (а ведь как незаметно, оказывается, может течь время), пошел на убыль. Мы откровенно устали. Ноги, отвыкшие в автомобилях южных штатов от ходьбы, не то, чтобы болели - взывали к своим хозяевам с призывом о пощаде. Но до закрытия музеев оставалось еще два часа (все музеи работают круглый год с 10 утра до 5 вечера без выходных, в пешеходной дистанции друг от друга, единственный день, когда они закрыты - 25 декабря!). И мы, чтобы не терять даром времени, решили на малых оборотах отправиться в музей космонавтики и авиации, что соседствовал с музеем индейцев, описанном в начале нашего сюжета. Ну что сказать? Оказывается, самолеты изобрели братья Райт, а партийный билет, удостоверение космонавта и форма, в которой Юрий Гагарин впервые полетел в космос, почему то находятся не в музеях России, а в музее космонавтике в Америке. А может там ему и вправду там будет целее???

При входе в музей вмонтирован кусок лунного грунта, и как позже сказала мне моя сведующая приятельница из Сиэтла, отдельные экзальтированные личности касаясь его руками, загадывают желания! Так что у кого есть какие сильные и здоровые желания – адресок Вам уже известен. Заодно посмотрите и различные пилотируемые станции со времен, когда освоение космоса начиналось...

День первый закончен. По дороге в отель, обезноженные после девятичасовой ходьбы, наскоро и задешево перекусываем в Мак Дональдсе. Кстати, и хот - доги, которые продают в уличных павильонах китайцы и вьетнамцы всего за доллар пятьдесят с квашенной капусткой, как показала наша поздняя практика, необычайно вкусны!!!

В отель и на боковую. Пора отдохнуть Продолжение следует...

По Вашингтону в Вами гуляла Наташа Ткаченко, автор сайта на www.proza.ru/author.html?nata888 и книги "Замужем за американцем: рассказы русской жены" на http://www.hometown.aol.com/nntkachenko.

Продолжение путешествия. Второй и третий день в американской столице.

Из письма товарищу: «Привет, Мишель! Краснею- бледнею, но продолжение просил написать только ты. Остальной народ, как у Бориса Годунова, безмолвствует. На сайт Григорьева еще раз схожу- посмотрю... А по поводу моего второго и третьего дня в американской столице - второй день начался с просмотра экспозиции русской живописи и конкретно, «Купания красного коня» Петрова – Водкина. Только вот сфоткать Настю с полотном черные служащие тетки не разрешили - без вспышек, мол. Много русской живописи находится и в Музее русского искусства Миннеаполиса. Его, видно вывозили в 60-х политэммигранты. Экспозиция, короче, включала Третьяковку и Миннеаполис - русское искусство. Потом были в Музее истории Америки. Завоевание, Бостонский чайный договор, певица Элла Фицджеральд (ее разрешение на работу в США) и экспозиция войн этой страны в 20 веке - вот основные каркасы на которые могу натянуть сюжет повествования. Множество маленьких кинозалов и кукольных автоматических шоу. Старые телевизоры, в которых демонстрировалась война во Вьемнаме... Я многого не знала.

А потом шел сильный дождь, и даже мобильный телефон не брал... И мы пошли в Ботанический сад - напротив Капитолия, тоже в центре. Попали на выставку орхидей. Много профи там фотографировало – камеры, видно, что были газетные. Я таких давно не видала. А еще там были и тропики, и лекарственные растения этих двух континентов - я терла пальцами листики и вынюхивала запах. Запоминала названия на английском. Больше всего понравилась вербена лимонная. Такой непередаваемый тонкий и терпкий аромат...

Вечером гуляли до Белого дома, глазели на архитертуру Пенсильвании Авеню. Красиво. Как Москва моего студенчества и немножко твой Питер. Все лучшее, что могли из архитектуры стибрили, пока застраивались в прошлом веке... На расстоянии птичего полета - жилые массивы. Многоэтажные, прямо как наш район Ботаника в Кишиневе...

Следующий день начали с просмотра Капитолия - центра и символа политической жизни США. Надо брать специальные наклеечки на определенное время, чтобы попасть. Прямо как в Мавзолей на Красной. Или там по- прежнему очереди??? После обзора скульптур президентов и правителей разных эпох и народов и патетической речи служащего, обращенного в группе (преимущественно из китайцев и нас), что нам вести эту страну в завтра, захотелось то ли прыгать на одной ножке, то ли импульсивно щелкать объективом - сама пока в своих чувствах не разобралась.

Вечером катались на катке в центре города. Под звуки новогодних песенок из колонок проигрывателя, встречали Кристмас Ив. Позвонили мужу, поблагодарили за поездку - вот и все дела. Набрала много брошюрок и буклетиков - так что если кому нужны инструкции- обращайтесь ко мне. Да, вечером было небольшое приключение, возвращаясь в отель, забрели в район центра, где промышляют черные попрошайничеством и обиранием прохожих. Спасались бегством и прыгством, поскольку у меня в сумочке лежали билеты на самолет... Утром - снова в аэропорт, чтобы быть обыскану... При прилете в аэропорт Атланты, осмотревшись вокруг, сразу понимаешь, что юг США - отстойник. Старые, больные, толстые, ни к чему не стремящиеся - все тут... Ну да ладно. Это другая история... Всего доброго, Мишель. Расказик спецаком для тебя пришлось стряпать - кустарная работа, то бишь, пардон, ручная, получилась. Как сказка из «Тысячи и одной ночи»... Пока и привет Питеру. Наташа.

Отдых и развлечения.

Как развлекаются американцы на Юге.

Статистика показывает: все больше людей, имеющих досуг, не знают чем на нем... заняться. Так что если вы массовик - затейник широкого профиля и к тому же зарегистрировали свою фирму, уверяю вас, под небольшие инвестиции вы вскоре сможете получить неплохой оборот. Потому что развлекаться люди будут всегда. Даже во времена войн. Только развлечения будут другие. А что уж говорить о высокоразвитых цивилизациях. Прожив полгода в Америке, скажу, что тут по- другому, чем в Европе и другим заполняют досуг. Пожив на Юге Америки, опять-таки, скажу, что развлечения здесь будут намного отличаться от того, что изысканная публика будет потреблять на том же Севере Соединенных Штатов. Но обо всем по порядку.

Статистический южанин скорее всего если и увидит стоящий театр, то не чаще пары раз в жизни. Потому что, далеки отсюда магистрали высокого искусства. И отслеживать, что где и почем надо при помощи специальных журналов и интернета. Так что досуг южного обывателя более активный, чем пассивный в поиске своего отдыха. В Америке, вообще, прежде чем до чего- то добраться, надо лихо выучить карты автомобильных дорог и расписания точек, могущих вам напрокат такую культуру предоставить. Начинали мы свои поиски со столицы Штата Миссисспи – города Джексона. Сначала пару раз приехали - просто побороздили на машине улицы. Вышли в центре, где у них расположена главная площать, пересекли ножками парк. Позвонили в монументальный колокол. Поглазели на здания, продефилировали по улицам (благо после нашего хутора все казалось удивительным и разнообразным). Потом, в другие приезды, стали наматывать круги поуже. Зашли в фое галлереи современного искусства, посмотрели на буклетики и цены, пробежали взглядом по стенам с выставленной тут же живописью – и дальше не пошли: охота была бы деньги ни за что тратить! Прошли мимо театра. Там ничего на ближайшие недели не светило. В тот раз тормознули в планетарии.

Программа была интересна для детей. Я, не выдержав бегающих где-то под куполом со скоростью пули динозавров, вышла на улицу и мило поболтала с работником планетария.

В следующий приезд в Джексон поездка была целевая - в штате проходили отборочные туры детского конкурса «Мисс Миссисиппи», и мы, инвестировав в нежного цвета платье и новые на высоком ходу туфли для моей дочери, поехали в их молл на конкурс. Но перепутали даты. Приехали на день позже события. Так и поучаствовали впервой. Как шутили потом между собой, такое не забывается - полубессонная ночь моей юной топ-дивы, первый макияж. Разучиваемая несколько недель модельная походка – и единственные поклонники- посетители молла. Ничего, наверстваем в следующий раз!

Тому, кто не был в маринариуме на Берегу Мексиканского залива в Галф–Порте, я очень посоветовала бы там побывать. Во–первых, вот уж где не жалко потраченных денег на билеты – так это здесь. Вы сможете увидать таких чудесных зверьков: вас поцелует морской лев, вы сможете поздороваться, если поднесете рыбку, с дельфином, посмотреть сквозь прозрачное стекло на подводных черепах и других обитателей водного мира, сфотографироваться с большими какаду. Кроме того, здесь есть прикольная старая шхуна, взойдя на которую, Вы обязательно почувствуете качку морских волн и ощутите себя пивным бочонком в трюме. Потом прокатитесь на маленьком паровозике по окрестностям берега этой большой гавани и, довольные, возвратитесь в свой отель. Впечатления этого дня проявятся яркими красками в Вашем ночном сне, обещаю.

Если у Вас есть маленькие дети, или дети Ваших гостей, перед вами вновь и вновь станет задача, где провести следующий выходной. Не робейте и ведите всю команду в зоопарк, благо звери в Америке живут порой лучше, чем некоторые люди в странах Восточной Европы. Лучше всего, конечно, приобрести постоянный билет «Друг зоопарков», тогда вы насладитесь не только зверинцами своего края, но и сможете при благополучных раскладах бесплатно посетить незабываемый зоопарк Вашингтона, Нью-Йорка и других мегаполисов. Радость звери доставят не один раз и не только детям, но и взрослым. А сколько неожиданных фотографий здесь можно сделать! Мне больше всего нравятся мои с замеревшим крокодилом, бегущим павлином, трубящими слонами и размножающимися орангутангами. Еще можно покараулить носорогов и гиппопотамов с цифровой камерой и отослать фотографии всем своим друзьям, так, чтоб завидовали (увы и ах) и думали, что вы в Раю!

Меня лично заряжает активный отдых. Я люблю парки, носящие древние индейские имена, где вековые сосны и особый ландшафт, высококислородосодержащий воздух, наполнят Вас непередоваемой силой хотя бы на этот вечер. Некоторым нравятся шумные развлекательные парки с аттракционами, где можно угробив долларов 30 походить среди кривых зеркал и поскакать на макете дикого бувола или проехаться на китайском драконе. Меня шумные хаотичные парковые сборища если и привлекают, то ненадолго, я предпочитаю отдых в тишине или в движении. Сегодня мы, к примеру, вернулись с катка (это посреди-то летней жары, оцените), где почти полтора часа пытались всей семьей продержаться на коньках. Первым сошел с дистанции папа, упав на свое любимое больное колено, несколько раз отдыхала забастовщица - Настя, а под конец я, сбитая лихим парнем, мчащимся как трак по хайвею с зажмуренными глазами, больно поранила локоть и пару минут выкрикивала злобные ругательства на русском языке. Хорошо, что не поняли, а то загремела бы в кутузку.

Мой супруг любит хорошо поесть. Поэтому предпочитает совмещать отдых с питанием. Желательно для него, чтобы это совпадало со стоимостью входного билета. Поэтому казино Галф-порта (прибрежного города на Берегу Мексиканского залива) для него как родные. Особенно те, где кухня хороша. Мы побывали в одном из таких. Есть можно коллективно, всей семьей. Играть детям определенного возраста, разумеется, не положено, для них есть увлекательная игровая комната. Правда там от гвалта в ушах звенит. Но мацуцики очень обычно рады и просят родителей еще вернуться поиграть (равно в игорном зале проиграть). То есть пока они играют, мы - проигрываем. Хотя классная пластиковая карточка члена этого заведения у меня уже есть, и потому мне положены бесплатные ночевки в их отеле. К сожалению, они пока по вторникам, а мы отдыхать можем только в выходные.

Кстати о море. Здесь в нем даже можно плавать (это я имею в виду чистоту воды). Но при этом не забывать о возможности появляния акул. Которые нет да и нет, забредают сюда из океана. Да, почти забыла сказать о таких популярных среди южного населения праздниках, как встреча Весны «Мардиграс», завезенном сюда французами столетия назад. Фестиваль прижился, и славит весну разбрасыванием бус. У меня, правда, это ассоциируется с тем временем, когда первые европейцы скупали у местного населения землю за цветных стекляшки- бусы. Так вместе до сих пор и радуются. И европейцы, что задешево въехали. И аборигены, что хоть за что-то продали.

Вообще-то, как человек, имевший возможность вырасти, развиваться и пожить при трех системах: социалистической, развалившемся беспределе и зрелой капиталистической, могу сказать, что праздники и развлечения у разных народов при разном социальном строе имеют общие черты: желание лихо, ярко и запоминающееся провести время. Чтобы сбросить гнет трудовой недели и собственные тяжкие мысли, потратив немного денежек. Но при любом строе есть культуры для элиты и культура для масс. То, что я сегодня описала, достояние скорее массовой культуры и тех, кто при невозможности получить доступ к элитному, ее пользует. Конечно, хотелось бы рассказать и о культуре другой стороны океана, и не только китчевой, но и подлинной. Но это уже другая история...

Социум.

Как Голливуд СССР надурил...

Давно хотелось написать на подобную тему. Как и почему у нас, бывших советских граждан, возникло и укоренилось порочное мнение, что счастье на Земле - это в США, Канаде и других якобы благословенных пятачках капиталистического рая? Аргументов и размышлений на эту тему продолжало пребывать, но обобщить все это предостерегала осторожная мыслишка: несогласных будет много и артобстрела противоположных мнений не миновать.

- Оно тебя надо?- вопрошал холодный голос разума. - А может обобщишь на бумаге, но только для своего внутреннего пользования? – взывала другая менее разумная мысля... В конце концов я набрала воздух в легкие и нырнула.

Итак, что же произошло? Почему двери запретного рая имели такой четкий адресат стран с высокими показателями уровня жизни и экономического развития? Оно понятно, сытость - это везде сытость, и она желанна, но тут не обошлось без еще целого ряда причин, побудивших нас, бывших граждан лагеря социализма стучать в некогда прочно задраенные двери. И причина тому - Голливуд!!!

Посмотрите на любой фильм стандартного Голливудского образца, который закупался кинематографом советских и пост-советских времен. Что там было? Стандартный набор к ищущим и благополучным героям, или пускай даже гангстерам: шикарный и как минимум трехуровневый особняк, роскошное длинное белое авто, бассейн с прозрачной голубой водой, безмятежность отдыха с видом на лазурь моря, какие – то нечеловеческие в своем наслаждении, как из затерянного рая страстные отношения в постели главных героев мелодрамы, каких в реальной жизни мало кто и пробывал, вообщем, бодрячки и энтузиасты, побеждающие как правило в жизнеутверждающей концовке...

И никто никогда не расшифровывал, насколько же то, что стоит за кадром соответствует действительности? Какой процент населения имееет доступ ко всем этаким подобным благам, и что вообще есть такое Голливудская фабрика грез?

Я Вам дам простой и наводящий ответ: Голливудская фабрика грез есть ни что иное как спиритуально - фармацевтическая промышленность, призванная обеспечить обездоленным и лишенным всего этого великолепия 90 процентам американского народа мечту о затерянном и пока еще не обретенном на Земле рае... Про те 10 процентов суперудачливых героев, якобы от души наслаждающихся уже при жизни на Земле, фильмоиндустрия почему- то тоже стыдливо умалчивала. И про то, что дома и самолеты частенько взяты в долг под кредитные проценты лет этак на тридцать с постоянной угрозой банкротства и потери всего движимого и недвижимого имущества. И что после выплат за эту жизнь высокого стандарта если разве что и остается, то продолжать работать в собственном поту по 10-12 часов в день частенько без выходных пускай даже в сфере управления тем же самым собственным бизнесом, призванным обеспечить досужим наследникам служить имиджем продукции видеоиндустрии.

Вообщем, Голливуд, как фабрику грез, не даром можно сравнить с пилюлей, призванной подсластить не простую, скажем честно, трудовую действительность не только бывшего советского, но и самого капиталистического народа. Который, отмучившись на раздачах в Мак-Дональдсах, на кассах в многочисленных «Вол-Мартах» и моллах, в медсестринстве в госпиталях по уходу за престарелыми, тоже хотел бы отдохнуть и помечтать. Но вот не сильно-то бесплатно образованному (не то что в пример нам, бывшим советским, получившим все это как большую халяву, вместе в свое время с бесплатной медициной, шикарной общей идеей счастливого светлого завтра и пусть малогабаридным, но собственным, приватизированным квартирным раем, капиталистическому трудовому люду в то же самое время приходилось, напротив, не сладко. Когда наши мужички после работы оттягивались в пивнушках, зная, что рулить не надо: есть общественная инфраструктура транспорта и трамвай домой отвезет. А не пуганные будущим и страхом перед «завтра» женщины получали невымученное удовольствие в постелях и рожали себе преспокойненько детей, все умели и любили общаться и дружить (недостижимая мечта любого капиталистического индивидуализированного общества), в это же самое время Ганс, Фриц или Джек должны были быть на рабочем месте «от звонка до звонка», вымыты, выбриты, свежи, подтянуты и самодостаточны, потому что «завтра» могло не случиться в любой момент, потому что за порогами фабрики, производства, стояли сотни и тысячи алчущих взобраться по твоему хребту и посягнуть на твое место под Солнцем.

Поэтому пьянки если и случались, то в минидозах и раз в квартал в узком семейном кругу. А секс с Гретхен, такой же строгой и подтянутой был только по пятницам и что называется, «по карточкам», после вымученной и изнуряющий дневной действительности и не менее сильной доминирующей религиозной морали. О слове же дружба (крепкая такая, мужская) многие узнавали лишь в кинофильмах про ветеранов войн. Поскольку других коллективных идей кроме как возможности личного наслаждения и персонального обогащения, общественный строй тем самым иностранцам -то и не дал. То ли дело в коллективистском обществе, где существовали групповые идеи «равенства, товарищества, братства» и построения совместного светлого будущего (вспомните неподдельный энтузиазм пятидесятых, озвученный в песнях кинофильма «Волга- Волга»).

Итак, подведем итоги всех этих ретроспективных отступлений и кратких экскурсов в субъективное восприятие автором означенного исторического периода. Напрашивается следующее, быть может парадоксальное, заключение: то, что было призвано стать пилюлей от всех «невзгод, горестей и болезней» у одного трудового, разотождествленного с идеей Водолейской коллективизации, народа и подсластить ему чересчур уж реалистическую действительность, стало одновременно ядом для другого народа, живущего идеями родового и группового сознания, и светлой верой в счастье всего человечества. То есть Голивудский лоск и шик отравил стоки, по которым циркулировала живая, трудоспособная, свежая кровь, родил ощущение зависти и собственной неполноценности у одного народа перед другим... И желание доказать, что и «мы, Гапко, люди» или показать инородцам «Кузькину мать». Отсюда и укоренившаяся вражда в соревновании двух систем не только на уровне государственных программ, но и на уровне национальной самооценки.

Крышепотечная иммиграция...

Итак, зовущая мечта Голливуд, сняла на корню все трудоспособное и не очень население и обратила его вожделенные взоры на Запад, в сторону капиталистического райка. То есть, население, лишенное за 70 лет предыдущего режима веры в загробный рай, вдруг решило визуализировать групповой образ - рай на земле. Голливудская продукция фильмоиндустрии помогла указать четкий адрес. И исход начался...

Как мамонты в поисках пищи и более благоприятного климата, люди всеми правдами и неправдами стали тянуться на запад. Прорывавшиеся счастливчики, донесшие «племени» свои истории, становились национальными героями. (В свое время моя статья лета 2000 года в Молдавской Комсомолке «Как выйти замуж по Интернету» стала настолько «шлягером», что висела на досках объявлений Министерства экономики нашего края– типа как инструктаж остальным стремящимся...)

И народ рвался, тянулся и ехал. За минувшие годы 100 тысяч нелегально работающих в Италии молдован получили официальное разрешение государства на проживание и работу. Рабочие руки русскоговорящего национального заброшенного на бывших окраинах СССР меньшинства, не признанного «своими» Россией, скупала Москва, Лондон, Париж и Адис- Абеба. Я знавала девушек, ставших ночными танцовщицами в отелях Турции, Ливана, Греции. Слышала истории пробиравшихся на дне торгового вагона через всю Европу, чтобы стать сборщиками винограда на французских полях. Просивших политубежища при прилете в Ирландию. Строивших за смешные по иностранным меркам деньги (300 евро) здания в сельской местности в Португалии и живших при этом в бараках на 6-8 человек (чтобы дешевле). Выпекавшими пиццу, ухаживающими за стариками и чужими детьми в Испании.

Были у нас на роднике (место сбора городской кишиневской альтернативщины) и «придурки», «скосившие» от жизни в Израиле (оказывается, потому что работать там много надо было) и продлевавшие свой вид на жительство в своей родной стране, Молдове, теперь уже с иностранным пасспортом, пользуясь разными благородными предлогами (типа «больная матушка», и так далее).

Доносил ветерок слухов и вести о бывших известных фигурах молдавской русскоговорящей интеллигенции, сложивших жизнь на плахе капиталистического прогресса на тяжелых физических работах (Мир почившим, ушедшим в мир иной!)Много драматических, а порой и кровавых историй доносила земля в неполные четыре миллиона жителей, двадцать пять процентов из которых, следуя официальной статистике, зарабатывали за рубежом!..

Ехали как правило в основном сильные духом или отчаявшиеся. Я знавала одну одинокую мать, которая семь с половиной лет ездила зарабатывать аниматором в отели Турции, чтобы прокормить своего сынка, оставшегося в Молдове, знавала и другую женщину, которая годы напролет не могла легализоваться, а потому и прилететь на родину из Греции. В Кишиневе же тем временем росла и выплакивала все глазоньки по маме ее растущая дочка... Много было, есть и будет историй, о которых никогда не поведает интернет, и которые родятся и умирают на дворовых скамейках, в рабочих коридорах, в троллейбусах и трамваях.Но здесь не столько мы будем предаваться «страшилкам», сколько постараемся понять, что же происходит с людьми, переселенными на новую почву. Для начала предлагаю такой эксперимент. Возьмите дерево, к примеру, хрупкую магнолию моего нового южного края, и попробуйте ее пересадить на почву северных широт Нью Йорка. Приживется? Даже при самых благоприятных условиях? Скорее погибнет, или долго болеть будет...

А магнолия- это растение. Кто же сказал, что человек, еще более хрупко и тонко организованная субстанция, с легкостью вживется в любые новые условия? Может у нас такая уверенность из произведений Максима Горького, сказавшего устами одного из герояев: «Человек- подлец, ко всему привыкает!» Почему мы- то и решили, что и мы привыкнем: в Азии, Африке, обоих Америках...

Интернет- почта доносила до меня интересные свидетельства, как белые женщины бывшего СССР приживаются в Африке - конкретно Эфиопии (те же жительницы Молдовы, Узбекистана и Прибалтики). Как не найдя баланса в одном браке с чернокожим местным населением, некогда учившимся в СССР, разводятся, но отнюдь не уезжают назад, а позиционируют себя на рынке местных невест, используя такое неоспоримое преимущество как белая кожа. Сказать об их психологическом состоянии трудно, не будучи в личном контакте, кстати, их дети- полукровки яростно декларируют себя «русскими» - вот ведь парадоксы социума!

Есть у меня в колоде воспоминаний история одной нелегальной иммигрантки с Западной Украины, за изменением психологического состояния которой я наблюдала долгие два года в длительных телефонных разговорах. Это фактография того, что происходит с человеческой психикой, сменившей не только континент, но и среду и строй проживания, более того, по возрасту своему, ставшей свидетелем проживания в трех общественных системах: социалистической, псевдодемократической (в полит-лексике именуемым государствами в переходном периоде) и зрелой капиталистической. Как говорит старая китайская поговорка: «Не приведи господь жить в эпоху перемен!» Бо, вкусившие такие «эпохи перемен» порой становятся ... «крышепотечными».

Итак, моя героиня, прибывшая в США по программам государственного обмена на несколько недель, решила нелегально остаться в Чикаго, чтобы заработать денег на учебу своего сына и квартиру на родине. Кандидат наук и руководящий работник там, она стала выносить горшки за полупарализованной бабкой 24 часа в сутки. Всего при двух выходных в месяц, но привлекательным для любого жителя СНГ, да и стабильным для капиталистического мира заработком в 35 тысяч долларов в год! «Терпение» ее продолжалось полтора года (показатель очень сильной личности), когда в отсутствии хоть сколь-нибудь интеллектуального общения, нормальной социальной деятельности и даже физической свободы передвижения, наша героиня, раньше часами жалующаяся на свою «горькую долю»: и на родине тошно, и новая страна люки для легализации не открыла и лакомых ролей не предложила, «потекла» «крышей», а попросту легонько так «сдвинулась по фазе». Всем, кто знал ее до этого, и чьим врачевательным терпением «выслушать» она пользовалась, она заявила, что вышла замуж, и не за простого Ваську-слесаря с токарного завода (а кому еще нужна немолодая *безденежная пост-советская нелегалка?), а за вдового состоятельного юриста, который теперь вот решит все проблемы ее легализации, и который содержит ее в мехах и золоте, кормит только в ресторанах по три раза в день и закупает ее одежду только в ведущих дизайнеровских компаниях... И что все ее бывшие «сочувствующие» - лишь жалкая грязь у подножья ее нынешнего величия... И такое вот бывает!*

«Ну вот, еще у одной сорвало крышу»,- сначала подумала про себя я. Но главная героиня так ревностно убеждала меня в новой безоблачности своей жизни, что на какой-то момент и даже я признала, что сказки бывают. Пока... мне не позвонил через полгода от создания этой «легенды» ее приятель, чьими транспортными и прочими приятельскими услугами она пользовалась. И не сказал, что гражданка N уехала на родину, оставив ему долг на зарегистрированном на его имя ее мобильном телефоне в 500 золотеньких! «Не видали мы такого невода»- только и хотелось присвистнуть мне! «А что, равзе N не вышла замуж за богатого юриста?- спровоцировала его я. «Нет, а о чем вы говорите?- искренне удивился он- «Мы вообще-то с ней сожительствовали все эти два года, и меня она кинула, уехала, даже не оставив адреса»...

Ну как тут не вспомнить, что зэки, отбывающие в изоляции долгие годы и лишенные полноценного социального общения, начинают выдумывать себе легенды о том, что их ждет в родном селе «умница-раскрасавица», чуть ли не Клавдия Шифер, или что у них зарыт клад в миллион золотых монет на старом кладбище. То, что недополучает организм в процессе жизнедеятельности, услужливо выдумывает раненная психика. А что, мечтать-то не запретишь!..

И запеленгованная большой сладкой Голивудской мечтой толпа советских интеллигентов в первом поколении (90 процентов пациентов дурдомов по статистике еще совестких времен таковыми и являлись), ринулась через «горы, реки и Хинган», напролом, покорять затерянный на земле рай, с указанием четкого адреса «зарубежье», чтобы стать небывалым в истории экспериментом израненного и не всегда после исцеленного сознания, по английски именуемом «sanity». Какое простор и какое поле дятельности для профессиональных клинических психологов и психиаторов! Интересно, скажет ли когда-нибудь профессиональная наука по этому поводу свое меткое слово?

Уроки орлеанского потопа, или семь дней из жизни урагана...

«Вот пулька пролетела – и ага»... Ураганы бывают разные. И на территории, ограниченной со всех сторон морем, ожидать их можно до нескольких десятков в год. Не знаю, кто дает ураганам имена, и почему имена непременно русские, как к примеру Иван, Андрей, но играть с русским именем Катюша, коим была названа победоносная пушка времен Великой отечественной войны, я бы поостереглась...

Да еще и зная, что прибьется эта стихия к северному побережью Мексиканского залива не иначе как в понедельник 29 августа 2005 года, когда небесные светила, планета кармы Сатурн соединится с фиктивной черной точкой фатальных уходов и роковой жатвы Черной Лиллит в зодиаке Девы, предназначенном «очистить Авгиевы конюшни души». Я бы назвала такой ураган при данных раскладах звездного неба ну никак ни Катриной, а хотя бы милостливой Катюшей, или лучше всего флиртующим иностранным именем типа Джорджетта, ну и чего тогда бы дурного было ждать от такой легкомысленной бедняжки? Глядишь, переименуй, - и беда бы не стучала в ворота набатом Моцартовского «Реквиема».

Но слов из песни не вычеркнешь. И как подметил столетием раньше Гумилев, если «солнце останавливали словом, словом разрушали города», то и подготовиться к «Катрине», почти как к прибытию императрицы Екатерины, надлежало бы со всеми ритуальными почестями. То есть закупив провиант и запасы питьевой воды, забаррикадировав двери, сделав

плоты и надувные лодки, залив топлива в генераторы, отложив в непромокаемый заплечный мешок наличные деньги и документы, отправив ближним сообщение, где ты, и передав в городскую мэрию свое заверенное нотариусом завещание.Однако, народ любой местности, так уж довелось истрически, вообще-то страдает пофигизмом. Народ побережья - дети любви и моря, из этого не исключение, а скорее правило. Так что и урожай итогов подводить пришлось тем, кто не был поглощен роковой стихией, а тем, кто выжил и уцелел...

Люди и стихия. Что-что, а телевидение в Америке поставлено на самый высокий профессиональный уровень. Молодая и пока еще страдающая амбициями прославиться нация, делают шоу из всего - даже из своей жизни... То есть обрядить досуг тех, кто спрятался в помещениях, готовясь ко встрече с силами природы - мощнейшим, как оценивалось экспертами, ураганом по пятибальной системе – собрались такие известные корпорации в тележурналистике как Fox News Channel, CNN, MSNBS и многие местные теле и радио станции. Начиналось все карамельно-мармеладно – вот он, мол, ветер, вот он, как сильно дует до скоростью до 200 километров в час (тут же демонстрировался телеведущий, держащийся за столб, рукава куртки которого раздувала встречная волна ветрового потока... Вот они – сограждане, которые не уехали с родных пенат, и которые проведут в безопасном помещении Супредома (позже ставшим склепом для многих) несколько суток. А вот и наши доблестные корреспонденты с мест - Миссисиппи, Алабамы и Луизианы... В первый день дух пока не захватывало - информации на то особой не было. Мы просто отсиживались по домам и пока еще имели связь с внешним миром... Тревога прозвучала позже- на второй и третий день, что крыша большого стадиона-убежища протекла, в помещении очень высокая температура и влажность, канализация не работает, нервное напряжение народа, запертого как крысы с трюме, очень высокое... И позже опять же из телеэфира – люди гибнут... Те, кто ушли из убежища, откуда первые два дня просто не выпускали, не могут добраться до магистральных хайвеев, плотину прорвало и город начинает как большое корыто наполняться водой. Крокодилы и ядовитые змеи, коим полны южные штаты, стали равноправными резидентами города. На улицах принципом стал лозунг: спасение утопающих- дело рук самих утопающих, или грабь награбленное! В массовом размахе народ растаскивает содержимое магазинов. Власти не справляются с помощью пациентам больниц и просто пострадавшим горожанам – негде нет света, редка сотовая связь, все забыты равно как богом, так и людьми... В воде появились микроорганизмы малярии и холеры, а комары могут вскоре начать разносить печально известную Нильскую лихорадку... Нет медикаментов, воды и питья. Нет топлива вырваться из города- насосы не работают. Да и машины ехать не могут - по крышу залиты водой... Затоплены и дороги. Нет цивилизованного водоснабжения и канализации. Доведенные до отчаяния безнадегой вырваться из этой ловушки судьбы, люди начинают стрелять друг в друга. Гангстеры сколачиваются в стихийные банды... Полицейские на призывы горожан помочь, отвечают, что каждый человек- сам за себя... Торопитесь осуждать? Не торопитесь? Прикиньте, что бы вы стали делать в подобной ситуации, по какую сторону баррикад стали бы и какую позицию избрали бы...

Сильные личности начинают обвинять руководство страны в бездействии. В телеэфире открыто спрашивают, почему Америка, всегда приходящая на помощь всему миру, не торопится помочь собственному народу, не потому ли что этот народ, запертый в затопляемом городе преимущественно южане?

Власть и народ. Ну кто сказал, или кто придумал, что на свете где-то существовало или существует идеальное правление, и оно конкретно в Васюках, Урюпинске или Швейцарии? Как говорят в передаче «Угадайка»: «нет такой буквы» или шире, такого адреса. Что в исторические времена, что во времена современные, власть и народ всегда располагаются по разным плоскостям или вертикалям, и что характерно, плоскости эти *параллельные, и соответственно противоположные, то есть никогда не пересекаются. То есть любая власть всегда была оторвана от нужд любого народа, будь то в исторические дореволюционные, или в современные времена. Попросту, власть всегда блюла свои интересы, а народ - так же свято блюл свое право на выживание в контексте этих интересов. Я не буду особо поминать здесь потемкинские деревни, или то, что одна из императриц на обращенные к ней слова придворного, что, дескать, у народа нет хлеба, запросто ответила: «так пусть едят пироженные». Не буду поминать и о том, что когда случился достославный Чернобыль, власти, свято сохраняя тайну облучения, вывели народ на традиционные майские демонстрации, а кладбища ненамного позже пополнились километровыми кварталами умерших от радиации и лучевой болезни.*

Власть и народ- всегда по разные стороны баррикад. Так же как это и случилось во время урагана, когда власти пришли на помошь поздно, слишком поздно, когда многим уже помочь было просто нечем - разве что уложив их в те же братские могилы кладбищ...

Сколько можно прожить без света, воды и телефона и бензина?*Ну что, казалось бы, ответ простой- люди, древнейшая и высшая ветвь из племени человекообразных, всегда умели обходиться подолгу без современных средств прогресса. Потому что воду можно было набрать в колодце, сыр сделать, подоив корову, постирать в речке и там же словить рыбу, фитиль зажечь от лампады. Но ведь когда наши предки жили при таком домострое, то, соответственно, и дома они строили не из искуственного материала, а их крепких пород древесины, хорошо держащих и тепло и прохладу, всегда на случай был вырыт погребок с запасами солений, для стирки было специальное корыто, и даже при отсутствии мыла мылись - стирались мягкими породами глины, и располагались такие хутора в приспособленных для подобного обитания климатических местах. Уж и не знаю почему, человек двадцатого века пошел против этих естественных правил выживания в экологически приемлемой среде, но в современное время* *дома и города стали строить там, где без форпоста преимуществ цивилизации - электричества, телефона, воды и запасов, выжить долгое время нельзя. То есть с доме, сделанном из искусственных материалов, в тропическом климате при влажности воздуха, как на побережье Мексиканского залива, где случилась наша вышеописанная стихия, продержаться без кондиционера, охлаждающего и высушивающего воздух в жаркий летний сезон можно разве что по ночам, когда из открытого окна навевает какое-то подобие сырой прохлады. А к полудню данное помещение все больше будет напоминать газовую камеру, где предполагаются пытки по удушению ее обитателей. Но человек - существо приспособляемое к неожиданностям - прыг в дверь на улицу, в расчете хоть там подзарядиться милостливым кислородом, а там – испепеляющая жара субтропического южного солнышка, этак в 100 градусов по Фаренгейту в тени (под 40 Цельсия) – вот ты и дыши. С Средней Азии бывали в летний период? Так вот, Азия отдыхает. Потому что там хоть воздух сухой, а не напитанный влажностью. Ну ладно, в Азии не бывали - сядьте в парилке и постоянно поддавайте пара на камин- на долго ли Вас, дорогие, хватит???*

Так что народ, замученный отсутствием кондиционирования, начинает страдать от удушения и сопровождающих его обострений всех ранее существовавших болезней, вплоть до глюков: как напиться и охладиться в прохладной воде, нырнув в озерцо, которого поблизости нет, и добраться до которого тоже: нет, но бензина. А когда глюки уже с Вами, когда отчаяние переполняет все допустимые пределы, то терять уже нечего: нормы морали человеческой и общепринятой смещаются, и уже почти каждый готов или съехать с крыши, тот есть чокнуться, или встать под ружье, чтобы отстоять свое право в борьбе на выживание в социальном дарвинизме... Кого на что хватает...

Зэки и психи - начинают и выигрывают...*Все таки удивительно гуманны некоторые власти: если город затопляет и эвакуация задерживается, то преступников выпускают на свободу. Преступники, как* наиболее революционизированный класс, которому нечего терять, кроме своих фигурально выражаясь, цепей, при городском безвластии, разбивают витрины оружейных магазинов и становятся все как один под ружье. Опять же, чтобы добиться поддержки страдающего народа, берут на себя функцию защиты и опоры - сами взламывают прилавки, забирают еду и воду и раздают изголодавшимся и отчаянным. А город тем временем, все больше и больше, при всеобщей анархии (а что шутка ли, треть полицейского состава Нового Орлеанза, сдала свои отличительные знаки и навсегда рассталась с полицейско-охранной карьерой добровольно в считанные часы!) все больше и больше превращается в хаос... Бал правит если не Сатана, то его величество АНАРХИЯ...

А в это время, в нескольких сотнях километров от эпицентра событий, по сельским дорогам наводненным обезумевшими от испытаний беженцами, в отравленном испарениями воздухе, где нечем дышать, начинают разъезжать другие «оторванные» и именем Бога раздают гумманитарные, то есть бесплатные, лед и воду. Если ты не воскликнешь в ответ на радостное приветсвие «Jesus с нами» такой же полный воодушевления ответ – а молча укажешь на трупы погибших от обезвоживания, и спросишь, не был ли всемогущий и бесспорно, достойный Бог в это время на летних каникулах - в ответ выслушаешь рьяную и испепеляющую баптискую отповедь, что умереть в Богом в сердце- это благо, а без него - прямая дорога в ад... Фанатики любых ориентаций страшны для здоровья общества и должны подлежать изоляции и излечению в госпиталях для умственно неполноценных - прости меня, наш христианский Господи!...

Беженцы и истории из отеля... Хотите собрать максимальное количество историй выживания и приспособляемости в катаклизмах при любом стихийной бедствии?- тогда Вам дорога и отель или в кабак. Но если кабаки закрыты: от грабежей на дорогах отчаявшихся «погорельцев», которым уже нечего терять, введен комендантский час, то познакомившись с обитателями или подружившись с хозяевами отеля, Вам доведется услышать такое количество правдоподобных историй, что телевидение, что называется «отдыхает»... Приведу несколько короткой строкой:

...двое полицейских в Новом Орлеанзе покончили жизнь самоубийством, выпрыгнув со стены Супердома, последнего оплота отчаявшихся, когда узнали, что их семьи погибли в схватке с водной стихией...

...вдоль разрушенной дороги, ведущей от побережья штата Миссиссиппи и дальше, к центру, подальше от зоны действия урагана, лежат десятки трупов тех, у кого закончился в баках бензин и вода, и бредя вперед, они просто угорели при природных температурных факторах...

...почему- то незаслуженно замалчивается судьба двух городов Biloxi и Gulf Port штата Мисссиппи, которые отнюдь не потонули, но тоже исчезли- были разнесены в щепки...

...люди собираются вернуться по прошедствии времени и продолжить жить и отстраивать свои города... вот ведь чудо!..

...в очереди за топливом, которая продолжалась три с половиной часа, мужик умер от разрыва сердца (многие люди не готовы к таким стрессам- потерять в миг все материальное, что привязывало к Земле)...

...четырехэтажную баржу-казино, ураган перенес на несколько километров. И поставил напротив стародавнего соперника по бизнесу, аналогичного казино, но с другим названием...

...морской котик погиб среди обломков после нескольких дней без еды и воды... Будь транспорт, его можны было бы вывезти и сохранить живым...

...дельфины заброшенные волной высотой в пятиэтажный дом, успешно приземлились в бассейне отеля Holiday Inn...А плату за проживание у этих «постояльцев» хозяева не взяли – видно просто повезло...

...чернокожий мужчина рыдает в голос: он потерял жену, которую унесло вместе с крышей собственного дома...

...после четырех дней осады в затопленных и разрушенных городах без топлива, электричества, средств связи, еды и питья, власти наконец-то централизованно стали приходить на помощь пострадавшим, это после того как мэр Нового Орлеанза, кстати, бывший телевизионщик и видный мужчина вообще, открытым матом стал ругаться с эфир в адрес федеральных властей...

...под развалами разрушенных и затопленных домов остались жертвы – живые и мертвые люди, и их всех предполагается найти и извлечь на божий свет, помочь тем, кому еще можно помочь...

...власти Техаса не только приютили сраженных в схватке со стихией у себя на стадионе Астродом, но и построят целый городок, где помогут возродить культуру погруженного пока в пучину города песен, танцев и плясок Нового Орлеанза...

...дочка моего мужа вместе с его внучкой переехала в другой штат – про жилище таких как она и многих других можно сказать заголовком из классика американской литературы «унесенные ветром»...

...калифорнийский миллионер на пятый день разгула со стихией, пригнал в Новый Орлеанз четыре самолета, который загрузил желающими начать новую жизнь в Калифорнийском городе Сан Диего, где он поставил для них трейлерный парк из мобильных домов... Не шик, но жить можно...

...под шумок власти разных штатов пополняют свою демографическую политику - автобусы с желающими поселиться в Неваде (штате - пустыне), неподалеку от города-казино Лас Вегаса, развозят новых постояльцев...

...меня всегда интересует вопрос: как пристроятся и обратят ситуацию себе на пользу сотенные армии нелегалов южных штатов. Помню, даже власти Испании, давали вид на жительство тем, кто пострадал от взрыва террористов в поезде...

...в трехчасовой очереди за бензином полицейский, регулирующий отмер всего лишь трех галлонов на машину, отказывается выделить мне еще пару галлонов для моих девяностолетних стариков-свекров, которым нужно топливо, чтобы вентилировать помещение при помощи генератора, сказав, что мои старики- не его проблема...

...400 домов куплены в считанные дни в нашем селе и все приезжими за наличку: потому что банковские платежные документы в радиусе больше 40 миль к оплате не принимаются...

...почти на две недели прервались занятия в школах центрального Миссиссиппи, которое, хоть и не попал в телевизионные хроники, но тоже постарадало, оказавшись на все это время без света, воды и электричества. Кстати, сегодня десятый день со дня урагана, я все еще не имею света и пишу, используя помощь домашней электростанции- генератора...

... у многих беженцев закончились деньги... время сдаваться в убежище на казенный кошт...

...многие знакомые со всех краев США и даже из за рубежа предлагают мне помощь едой или одеждой. У меня это есть, отправьте пожалуйста, другим, кому нужнее. Хотите помочь мне лично, ведь бюджет изрядно подорван этим ураганом – купите для себя или своих знакомых мою книгу «Славянка в американской глухомани или личный опыт адаптации» на русском *http://www.lulu.com/content/125686* или английском *http://hometown.aol.com/nntkachenko/myhomepage/index.htm* языках. Нужны детали – посетите мой сайт на или напишите по е-майлу: *navar1@yandex.ru* Вирусы просьба не присылать!...

И последнее, итоги... А уроки всего пережитого и вышеописанного такие: в критических ситуациях всегда расчитывать только на самих себя. В минуты слабости или отчаяния помнить, что всегда есть свет в конце тоннеля. Любое материальное благополучие может в любой момент быть отобрано высшими силами по своим, не всегда нами веданным причинам... Кто-то на пепелище собственного дома может рыдать, как над дорогим покойником, а кто-то найдя единственную уцелевшую вещь – радоваться и трактовать это как символ новый жизни...

И вообще, моясь холодной водой, закусывая наскоро, потому что нет технических возможностей приготовить на плите, экономя передвижение, потому что невыносимы очереди за топливом, могу сказать вот что: организм в стрессах очень здорово обновляется. И включается какой-то внутренний движок, который помогает стремиться преодолевать препятствия и заново испытывать вкус жизни, как ценной изюминки в чаше головокружительного пития...

\

Опять личный опыт адаптации.

Нет страховки- ковыляй на здоровье!..

...Случилось! Я так долго по мнению многих «беспричинно» жаловалась на жизнь, что последняя решила повернуться ко мне другим боком: пришла дать новый опыт под личиной физических страданий. Я упала. Как раз в Чистый понедельник по христианскому летоисчислению Пасхи, по окончании Пасхи католической, наверное, для того, чтобы очиститься ценой новых страданий от всех тех шлаков и неправильных мыслеформ, которые держали меня в плену. То есть раскручиваю это уже сейчас, задним умом, когда пошли третьи сутки с моего злополучного падения...

Что этому предшествовало? Да вся неделя как-то шла наперекосяк. Сначала во вторник, почти за неделю до случившегося, у меня в очередной, двадцать пятый раз после полуторогодовалого переселения в Америку, разболелся пресловутый зуб мудрости, пытаясь разжать, видимо, то ментальное пространство, которое он символизирует. Зуб как зуб. По приезде я от них всех четырех с разных сторон тихо две недели в безумном отчаянии сходила с ума. Врач? О чем Вы говорите? Если нет страховки в

Америке и лишнего «кэша» - налички. Лучше сразу повеситься или...терпеть. Я тогда терпела ровно две недели – потом зубы отпустили.

Так вот за пять дней до моего недавнего падения с лестницы на крыльце «просигналил» зуб мудрости. Он мне говорил: «Наташка, ты так неудовлетворена от того, что не можешь проявить себя творчески и расширить свое ментальное пространство, что вот он я, тебе стучу: думай, думай!» Сигналу я не вняла, махнув рукой. Ну, дефицит тут внимания к знакам тонкого мира! Поэтому в среду, на следующий день, у меня заболели гланды, вернее одна, по левой стороне, той же, где и зуб. Гланда набухшая в эзотерической интерпретации питерского психолога Жикаринцева это «невозможность что-то сказать». Да... Уж сколько раз я пыталась говорить своему достойному мужу, что не «катит» для меня такая пресная и однообразная жизнь на хуторе с минимальным задействием моих громадных творческих способностей. Он, как Фома Неверующий, не верил.. Дескать, какого ляда тебе, девочка, нужно: «сыта, пьяна и нос в табаке» - то есть, есть еда, машина и интернет, чего мол еще? Да, на моей настоящий родине в Кишинве у меня не было машины, был заимствованный, опять же не свой домашний интернет и еда раз на раз не приходилась. Зато каким колоссальным была творческая способность исследовать и постигать жизнь, выражать себя в ней. Нет, вы не подумайте, я смирилась, и совсем не хочу назад в прошлое, уж очень многое отсечено. Но если небеса вложили в тебя огонь горения вулкана, то трудно изображать их себя маленькую кастрюльку, булькающую под крышечкой кипятком. Вообщем, жизнь одна. И лежала я, до того как упала, на матрасе на холодном полу: в знак протеста: у всех свои спальни, у меня только общая! И думала: «вот так мол, спустила я уже полтора года коту под хвост, а сколько еще маячит впереди?» Не будь у меня необходимость учить ребенка в нормальной языковой школе в стабильной стране, кто бы меня здесь видел? Но желание в том числе и себе, лучшего будущего и материнство, это не только обязанности, от которых мы совсем не хотим освободиться, но и определенные жертвы: чтобы была семья, и у ребенка приемный отец, и у самой муж, и все как у всех. И вроде бы все хорошо, и у всех нас, все, что положено есть: у мужа - жена на ролях дочери, у ребенка - счастливый тыл и спокойное детство, и я свои старые кости на четвертом десятке вроде пригрела, ан нет! Если есть на тебя божественный замысел, а ты его не просекаешь - догонит и уж КАК вдарит и накажет!!!

Вообщем, в пятницу, за два дня до падения с пресловутой лестницы, я, моя стакан, насадила на его обрушившийся от мойки конец свой пятый палец правой руки, так что половину мяса с кости сняла. Море крови – а нам до черта... Вообщем, их католическая Страстная пятница - вот меня и «пригрело». Осталось еще нашу христианскую Страстную пережить через два дня...Я уж, видно тренировалась на роль инвалида только в легковесовой категории – правая рука для мытья посуды больше не подлежала... Удивительно как полезны могут быть в этой ситуации прочие члены семьи, чьи таланты мы до поры не подозревали на этой нетворческой ниве!

Итак, Суббота, день до падения или продолжение хроники из жизни инвалида. На меня ураганом обрушивается насморк. То ли «Кроки» (ласковый «ник» - кличка мужа) его из китайщины привез (сам он отболел незадолго накануне). То ли по той же эзотерике меня обуревает невероятная жалость к самой себе, хочется чтобы весь мир пожалел «Крошку» (мой «ник»). Уповаю на лучшее, но подумываю, не знаменитая ли это гонконгская лихорадка? Весь день в воскресенье бросает в жар, а местный «Тайленол» в таких делах, как известно, не помощник. К закату солнца понимаю: так и сдохнуть не долго, и нечего потомкам оставить в завещание духовного наследия (пока). Тогда решаю обратиться за последним приветом к своим «языческим» богам: выхожу на траву позади дома обнаженная и перекрестившись и помедитировав на закат «по- зверски» окатываю себя ледяной водой из шланга – как цветочек поливаю. Памятуя канон «дедки»

Порфирия Иванова: «Обливайся и все пройдет!» И действительно, посидев немного в теплом полотенце, температуру с тела как рукой сняло. Но все равно, есть какая-то слабость и желание уединиться. Ну ведь даже и больные звери в берлогу уползают умирать в одиночестве. А у нас у дочки своя комнатка маленькая, у нас супружеская спальня одна на двоих и общий зал. То есть «отползать», чтобы побыть в одиночестве, приходится в зал на пол, предварительно захватив запасной матрас: еще крупно повезло, что он есть! Супруг недоволен – я опять выхожу из под контроля. А мне по барабану. Хочу на родину и без него, просто побыть «самой собой». Он это знает и сердится еще больше. Лежу в темноте, спать не могу и ем себя поедом: «как же, полтора года жизни, и «ничего не сделано для вечности»? Приходит «контроль», спрашивает, все ли в порядке. Я говорю, что да, но не могу заснуть. Приносит синюю пилюльку – снотворное. Я пью...

Проходит и час и два, мысли продолжают с настойчивостью онкозаболевания, «съедать» меня изнутри. Так дальше невозможно! Решаюсь выйти «продышаться» на злополучное крыльцо. И вот оно... После нечаянного поворота, чтобы вернуться в дом, меня от сонной, видать, таблетки «заносит». Я теряю кординацию движений и с огроменным воем лечу с метровой высоты. Не услышать такой крик могли разве что через километров пять. «Кроки» сигает ко мне с крыльца, хочет поднять, спрашивает как я. Я прошу его уйти, говорю что хочу полежать. Он с криком «сломала ногу» влетает в дом, круша вокруг мелкие детали интерьера... Ну не способны, видать, отдельные представители рода человеческого держать себя в критической ситуации в «руках». Я, зацепив какой-то близлежащий картон под голову, горько рыдаю в покрытую травой миссиссиппскую апрельскую землю, за всю свою «поруганную Украину и Белоруссию», вернее из-за моих несостоявшихся пока надежд на американской земле. Полтора года «коту под хвост», и пока «не виден свет в конце тоннеля». В голове уже устало прокручиваются возможные варианты и сценарии, тщедушные попытки что-то изменить...

Полежав немного, решаю, не дразнить больше «Кроки» и доскребаюсь по ступенькам до входа - моя левая нога мне больше не подвластна. Левая половина отвечает за женское начало. Ноги - это то, что нас ведет по жизни. С точки зрения «тонкого» мира, что это было? Бессловесный энергетический женский протест? Мне не горячую голову этого не расшифровать. Должно пройти какое-то время...

Вообщем нога не слушается меня ни в эту ночь, ни на следующее утро, ни даже на следующий день. Кости вроде целы и опухолей не видно. Звоню знакомой медсестричке из Кишинева, что теперь «служит» в статусе жены в штате Новая Каролайна. Она мне советует вылежать. На местного врача ни сил, ни желаний. Способность ходить они мне не вернут, а денег съедят и немеряно – это тебе не молдавская почти дармовая по местным ценам медицина. Вообщем, решаю, что у меня теперь, наконец-то замечальное «алиби» проситься домой в Кишинев на лечение. Потому что, если зачинать что-то подобное здесь, четырьмя тысячами долларов вряд ли обойдешься, а страховки у меня почти нет. Вернее есть, но такая, что ничего не покрывает, для «бумажки», что называется... Дорого платить страховку...

Через сутки добрый дедушка 87 лет в в звании моего «тестя» приносит мне новенькие костылики, легкие, алюминиевые, как раз для таких «анболитов», как я. Цена тоже такая ровненькая - 26 баксов. Нет страховки, что называется, ковыляй на здоровье! Сорри, это я прикалываюсь. Просто человеку, который в три раза старше, чем я, даже как то забавно видеть в «костыляющей» роли молодое тело.

Все, я уже не женщина - характер начинает портиться с центростремительной силой – но пока еще леди, то есть дверь передо мной надо открывать. Муж это и осуществляет, когда я собираюсь рулить за дочкой в школу. Я настояла, мне не хочется быть такой беспомощной и зависимой: я уже сыта зависимостью другого рода по горло! Вроде нажать на педаль «тормоз» (левая нога) получается. Значит, вперед и с богом!

С дочкой решаем «прошврынуться» по магазинам, хоть я в своем неизвестном по времени «инвалидстве» теперь существо с массой комплексов, но мне еще нужны функциональные женские детали. Возле «Вол - Марта» находим «вил-чеа» кресло на колесиках, для таких, как я сейчас. Она меня катит, по дороге сообщая, что сегодня утром за мое выздоровление молился весь ее класс (хорошая стахановская првычка помогать ближним, хотя бы в молитвах), и что я тяжелая при вкатке по подъем, и что я должна поскорее «очеловечиваться», потому что это немного «ембарасд» (зазорно в грубом переводе), наверное, иметь родителя-калеку. Она еще сама, правда, к этому личного отношения не выработала. Она за меня явно переживает...

В «Вол-Марте» благополучно находим отдел женских тампексов, которые мне «приспичили», я загружаю перед собой маленькую тележечку на переднем сидении и грустно шучу, что инвалиды еще пока имеют половые различия. И только в этом. Рулим домой. Вечером на концерт, билеты на который мы купили заранее, когда я еще стояла на двух ногах: известное вокальное мужское трио из Нью – Йоркского Гарлема, куча денег, и такое редкое приобщение к искусству в нашей дыре! Поедем, что нам, молодым да красивым!..

Не рассчитала я своей психологической способности все вынести. Вначале все было просто здорово: в лифт посадили, в зал без очереди пропустили, рядом посострадали. А когда в перерыв захотите в фойе и надо снова прыгать по лестницам вверх и вниз, осторожно костыликами примеривая нужную длину? Когда народ, с виду хоть и вежливый, не очень-то стремится тебя осчастливить взглядом: от «калечных» глаза как-то больше отводят. Когда под мышками начинает от всего этого резино-алюминиевого трения «болеть» и ладошки от постоянного давления на поручни «кранчез» (костылей), пекут? Когда вновь и вновь, все спешат вперед, и ты, чтобы держиться в строю с выходящим людом по привычке здоровых пытаешься не отстать, но либо безнадежно отстаешь, либо начинаешь делать неверный визуальный прицел глазом, вот-вот грозя самому себе упасть лицом вниз, тогда уж становится не до шуток. Срываешься? На ком же? На бедном, невиноватом муже (или он все-таки хотел видеть меня такой зависимой, чтобы, как говорится, намертво?) Все становится неярким, а штриховым: черным и серым, одним большим темным пятном. И если это все - хождение с «поводырем» надолго, то начинаешь тихо себя и судьбу за все это ненавидеть, вопрошать, «за что?» и главное, обнаруживаешь у себя в поведении таких драконов, с которыми предпочитал бы даже не быть знакомым.

К вечеру первого «костыльского» дня все болит, особенно правое колено от перегрузки, шея - от деформации тела при ходьбе, соответственно спина, ну и настроение такое, что если еще немного: (неделю, месяц, год), то лучше уж сразу пулю и под расстрел. Единственное утешение - мне муж теперь без активного внутреннего сопротивления купит два билета домой, потому что дешевле пару раз слетать в Молдову из Америки, чем один раз навестить местного ортопеда. Значит, «наше дело – правое победа будет за нами!»

Двухлетию моей эмиграции

посвящается...

Мы ехали в Америку как в будущее, а попали как в прошлое.

Иммиграция, какое сумасшедшее время прошло! Почти два года без недели. Туфли с собой привезла, что сгодились, да платье, да теплый пиджак. Да все те знания и премудрости о мире, которыми была напичкана моя башка... Иногда мне кажется, что от прошлого 5 ноября 2001 года прошло почти 20 тысяч лет. Иногда, что его (прошлого) вообще-то и не было. А о той, о другой Наташе Ткаченко мне просто приснилось... И все же, к этому моему нынешнему равнодушному состоянию у меня была бурная почти двухлетняя эволюция. Она отражена на моем авторском сайте www.proza.ru/author.html?nata888. Вехой, что это была не другая, а именно я – выпущенная в свет книга да двух языках http://hometown.aol.com/nntkachenko/myhomepage/index.html. А было ли на самом деле мне все это испытание эмиграцией нужно как личности - не знаю. Иногда мне кажется, что было бы значительно легче, не случись всего этого. Иногда – наоборот... Ничего, пройдет еще немного времени, и я заматерею, покроюсь сначала нежной лаковой розовой шкуркой, потом коростой, а потом стану пуленепробиваемым, как бывало до того, сейфом...

Все устоялось и состоялось. Но то мерило нервно-психической энергии, которое было потрачено и исчерпано, привело к полному эмоциональному безразличию и опустошенности. Я здесь. Операция по вживанию и выживанию в новую жизнь прошла успешно. Социальная лоботомия сделана. Счастья все это, увы, никому не принесло. Вопрос: а кому, собственно говоря, все это было нужно??? Мне, окружению, предкам, потомкам, истории? Боюсь, что ответ один: никому. Безмолвие и пустота. Остров, на который иммигрант сам себя обрек, сбежав от прошлой жизни, одаривает его на всю последующую жизнь самоизоляцией от себя того, другого. В общем, картинка такая. Комфортная тюрьма: море, пальмы и песок. И ты, то ли живешь в этих застенках, сотворенных реальностью, то

83

ли доживаешь... Ведь многие, как и мы, ехали в Америку как в будущее, а попали как в прошлое. И сразу приобрели, как общую маркировку, затяжную хроническую болезнь с обостряющейся симптоматикой под названием – иммиграционная ломка. И многие иллюзии новой забугорной жизни в первые два года рассыпаются так, что и следа песка от них не остается. Итак, что же мы получили и что обменяли? Малогабаритность своего пожизненно приватизированного жилья - на тридцатилетние выплаты по кредитам за дом. Светлое водолейское товарищество-братство со всем сущим на родине, на если не крепостничество или феодализм, то по меньшей мере домострой. Гласность, как форму общественного сознания жизни, так развратившую нас в последние десятилетия, на стыдливое умалчивание местных пятен истории (а их было и есть немало). Так на двух недавних спектаклях, где мне удалось побывать, виноваты были не пришельцы-европейцы прошлых веков, лишившие индейцев крова и черных своего континента (какой хороший повод покаяться), а РУССКИЕ!!!! Сначала царский режим 1905 года за еврейские погромы, а потом советское КГБ 50-х годов прошлого века, мешавшее встретиться возлюбленным на двух континентах. What's a fun! Образ неуловимого врага, которого нельзя увидеть и пощупать, но который помогает кое-кому, как в песне было сказано, «строить и жить!» Где-то, в чем-то, мы и приобрели - не будем лукавить: сытый желудок, налаженный семейный быт, машину вместо троллейбуса, спокойные школы для детей, какие–никакие, но вовремя выплаченные заработки для себя. Но при этом эти ценности, кажущиеся такими важными с того, другого берега, где их явно не хватает, не могут превысить своей ценностью духовных, интеллектуальных и эмоциональных потерь, которых уже не вернуть и не обрести. Я не уговариваю - я отговариваю от иммиграции. Это слишком сильный слом на протяжении одной лишь человеческой жизни! Это не воздается и не окупается на протяжении всего лишь одного поколения!..

О других.

Женщины и судьбы.

Материал на такой сюжет накапливался давно. Рассмотреть его в причинно-следственном варианте, как бы единым куском, побудили свои конкретные мотивы. Как всегда люди, а вернее их искаженное понятие и принятие себя в историческом контексте. Недавно прочитала реплики на женском эммиграционном форуме. Так вот то, какими себя представляют и видят бывшие советские женщины в масштабах новой семьи в экономически процветающих странах, откровенно удручает. Они живут по- прежнему по принципу «не до жиру, быть бы живу». То есть в условиях морально-психологического рабства, в котором они родились и выросли еще в Союзе. И до сих пор еще добровольно себя держат. Чего стоят хотя бы эти рассуждения на тему, что новый «импортный» муж как раз намного лучше предыдущего «отечественного» потому что он предоставил Вам место под солнцем в своей квартире, жизни, стране. А если уж и ребенку приемному улыбнулся, крендель купил и в школу на машине отвез, то все, закрывай глаза: «мы в Раю»! Но рая, дорогие мои бывшие соотечественницы, как известно, на этой земле не предвидится даже в масштабах такой отдельно взятой страны как Америка. Как бы Вы сами его себе не отображали и убеждали. И не стоит винить меня в самонеудовлеторенности, если я и страдаю, то пока скорее всего творческой нереализованностью. И советы некоторых их вас пойти и начать мыть унитазы здесь едва ли к месту. Этим вы не только унизите свое «эго», креативное начало и загоните его вглубь, но и закроете этим сами для себя все иные пути развития. И зачем идти на бессловесную работу, если я с вами, как на родном русском, свободно поговорю, напишу, сформулирую на английском? И диплом свой при необходимости адекватно реализую. Критика настоящих условий для того и нужна, чтобы немного, ну хотя бы на пол-шажка, двинуться вперед. Ну посудите сами, что произойдет, если все мы вдруг всем станем совершенно удовлетворены. Скажу ответ: эволюция, то есть развитие, окончится. Это внутреннее пламя неудовлетворенности заставило нас в свое время не только

предпочесть отечественному иностранного мужа, но и до сих пор двигает корабли, бороздящие просторы небесного океана, и когда-то толкнуло и европейского мореплавателя Колумба, открыть в том числе и для нас с вами ту Америку, (шире - жизнь иностранную), которую мы потихоньку начинаем узнавать... Однако, долой абстракции! Вот наброски конкретных историй женских судеб. Иные имена изменены.

...Любане тридцать семь. По профессии дизайнер верхней одежды. В придачу к этому неплохо рисует и профессионально танцует. Последние 7 лет зарабатывала на жизнь тем, что танцевала в Турции. Что ж? Делаем то, за что хорошо платят. Там же познакомилась с менеджером - французом, который спустя некоторое время предложил ей пожениться. Свадьба состоялась в октябре. Люба сразу же себе нашла работу: танцует и рисует для продажи на досуге. Сейчас она вернулась на родину побыть с сыном и передохнуть до февраля - новый французский муж взялся ее систематически покалачивать. В феврале она, если хватит духу и вернется на родину мужа, получит на десять лет вид на жительство во Франции...

...Елеане сорок пять. Как говорят «Сорок пять сорок пять- баба ягодка опять!» После 10 лет поиска «того самого, единственного» (надоело обжигаться и обжигать?), вышла замуж за бизнесмена из Голландии. «Он не богат», - говорит Елена, - «но я его ни на одного миллионера не променяю. Мы с ним одного поколения, одинаково думаем, одинаково чувствуем». Такое редко, но, действительно, бывает. А может это ЛЮБОВЬ?

...Ваша покорная слуга, Наталья, в свои тридцать пять к устоявшейся брачной жизни была не готова, предыдущим опытом не приучена. Привыкла быть свободной и удачливой карьеристкой. Брак состоялся, потому что в таком возрасте стыдно не быть в браке, и потом, новая страна – это земля новых возможностей. И не только для своего ребенка. Но и для самого себя. Однако, пока эти возможности ограничены рамками замкнутой семейной жизни на заброшенном американском хуторе

86

(супруг - человек с устоями, которого трудно «сдвинуть с места», разница в возрасте солидная, но как показывает опыт, это не диагноз!) Да и для жизни в крупном городе нужны иные доходы, чем на выселках.

Людвига, тридцать два. Сыну Владимиру два годика. Переехала на другой континент в «брак», сменив хорошо оплачиваемую профессию фармацевта и собственную ухоженную квартиру в столичном городе на функции домохозяйки и приемной матери трем детям мужа от предыдущих браков. Судя по ее голосу и рассказам, очень несчастна в своей новой роли. У супруга на нее нет ни лишних средств (жлобствует даже на телефонную карточку, чтобы звонить домой), ни сил (вот уже несколько месяцев после заключения брака не соизволит пойти с ней в офис эмиграции и натурализации, чтобы заполнить официальные документы ее пребывания). На мой взгляд просто тянет время, устроив настоящий доморощенный террор: так вся ее электронная почта тщательно просматривается. А все разговоры по телефону прослушиваются (благо он сам неплохо владеет русским языком). Хотя, такой склонностью страдают многие иностранные мужья, а не только американцы.

Немного счастливых историй. Анжейла. 37. Муж, 38-летний программист из Техаса, души в ней не чает. Она его первая большая любовь. Ждут прибавления в семействе, хотя у нее есть ребенок от предыдущего «совкового» брака. Жизнь полная чаша, а о счастье своем люди, как известно, особо не распространяются – больше о несчастьи. Но, наверное, эту чашу она уже в свое время выпила до дна – в предыдущих воплощениях, если таковые имеют место быть.

Олене, за 40. Подходит под поговорку «Если долго мучаться, что нибудь получится». Когда-то в предыдущих браках была не очень счастлива, теперь замужем за состоятельным и респектабильным человеком, бывшим нашим, у которого в Америке свой бизнес. Живет на Манхетенне. Учится в бизнес-колледже. Не для заработка - пока для удовольствия. Ведь должны же и богатые работой развлекаться! Человек тонкий, вдумчивый. И хотя жизнью целиком довольна,   все же находится зацепочка для грусти и тоски...

Иране под сорок. Раскручивала своего иностранного «жениха» на брак 3 года. Раскрутила. Теперь дом - полная чаша. Удовольствий – полная мера. И от его привычной жадности мало что осталось: теперь дарит не мышиные обноски, как во время добрачных визитов в ее страну, а бриллиантовые браслеты (дошел, что называется, до кондиции). Хочет, несмотря на возраст 50+ завести общего ребенка (у каждого из супругов есть свои дети). Оба супруга очень суеверны, боятся зависти и сглаза, поэтому на контакт «как поживаете?» идут редко и неохотно. Значит, счастливы друг другом и жизнью довольны. Она по его настоянию не работает, сидит дома, учится играть на электрическом пианино и ходит в церковь.

Ну что еще осталось рассказать? Бегут, ох как бегут женщины с моей многострадальной родины. Не хотят, а бегут. От любимых и бедных - к терпимым и богатым. Многие заранее согласны на добровольное домашнее заточение. И пишет письма в Интернет, в надежде найти себе жениха 23-летняя Настя. Ее художественный и женский талант может быть востребован только в стране, где есть деньги и мужчины. Осталась на родине 34- летняя красавица Элеонора, потому что пока работа кормит и английский не на слуху. Но ведь ее бойфренд (женатый, кстати, мужчина), не до конца жизни! А любой женщине хочется иметь свою семью, а не быть транзитным коридором к чужой. Проворонила богатого жениха из Америки 24 летняя Снежана, теперь ждет новых поездов... Однако те, кто уже попробывал счастья в «забугорьи», может быть и своим бы врагам такого не пожелали – хорошо сгодиться там, где довелось родиться. Но история, общая, человеческая, как и жизнь не заканчивается. И еще одна моя приятельница, 43-летняя Ариадна едет попытать счастье 45-летним итальянским католиком, до этого в браке не состоявшем. А что делать? Ведь надо же спасать хоть как-то своих дочерей от такой же женской недооцененности в своей стране...

О себе.

Уж, замуж, не напасть или как выйти замуж по Интернету...

Знаете продолжение этой присказки? Все проблемы от этого, от самого, ну, скажем обобщенно, «поиска самого себя и своего места под солнцем». Помню, когда я начинала свои брачные искания в Интернете, я вдруг в первую же неделю почувствовала, что весь огромный живой мужской биологический мир, жадно распахнул мне свои объятия.

Так что же тогда, в 1998 далеком, а скорее даже в начале, опьяненой мартовской весной 1999, побудило меня жадно вгрызться в новое для меня поле деятельности? Поиск женихов грозил вылиться не только появлением какого-то нового, невиданного дотоле вида самца с биркой-наклейкой «зарубежное», он пахнул также новой жизнью, с иными эмоциональными и материальными возможностями, которые мы в своем тесном пост-советском мирку с ограниченными финансовыми возможностями потеряли. То есть так, чтобы на море выехать, или даже из своего тьму-тараканного Кишинева в Москву на недельку загреметь, как при социализме, не было и речи. Те скудные, по положенным мировыми нормам потребления средства, которые зарабатывались моей вообщем-то интересной и дающей особые человеческие возможности журналистской профессией, если и не расходовались сразу, то приберегались «на черный день»!

Так все доходы вовсе не уходили на обновье и шмотки, а бережно складывались в чулок: я как разведенная одинокая мать должна была думать о будущем образовании для своей дочери. Купить свою собственную, не обремененную наличием приходящих родственников квартиру не было и надежды (в нашей общей двухкомнатной, попеременнно со мной жили то мой вдовый папа, уставший от своей новой семьи, то обладающий дурным характером брат с его неряшливой женой). Мы часто бродили с дочкой по вечерам по освещенным улицам своего города, мечтательно заглядывая в окна: где-то там существовал иной мир, в котором можно было творить, дышать своим собственными дыханием и жить в своем собственном измерении. Тогда рассчитывать на создание семьи в стенах утесненной жилплощади, где я проживала, вернее мучалась со своими родными, мне явно не приходилось. Разве что купить собственную квартиру, или уйти к очередному любимому на все готовое. Но если на первое при стандартном неплохом вообщем-то для Молдовы помесячном заработке в 100 долларов не хватало средств (чтобы скопить 7-8 тысяч потребовались бы, наверное, столетия), то на второе, то есть на любимых и материально обустроенный тыл тоже надежд было мало. Все любимые как на подбор (а их к 33 годам накопилось немало), почему-то сами предпочитали приходить на все готовое и облюбив, обожрать хозяйку, оставив ее наедине со своими материальными проблемами и как компенсацию романтическими мечтами об иной жизни.

То есть, можно сказать, что попытка сесть за компьютер и поискать мужа в Интернете, для меня, как и для сотен других, была не только потребностью, но и насущной необходимостью. Ведь не спроста существует шутка, что половина населения нашего столичного города зачата в лесопарке на Комсомольском озере, да просто больше и размножиться путем было негде! И спасибо тогда иностранным организациям, что подсобили: открыли в Кишиневе первый Интернет- центр для обучения профессионалов: историков, парламентариев, журналистов, библиотекарей, юристов и экономистов, как пользовать современный компьютерный мир связи для своих профессиональных целей. Конечно, мы пошли дальше, и не только закрепились в своих знаниях как профессионалы, но и подобно великим первопроходцам, как Кристофор Колумб, пошли вширь и глубь, поплыли даже в обратном направлении, чтобы открыть свою Индию.

Итак, обобщим еще разок. Слаборазвитая национальная окраина с низкой системой доходов и уровнем жизни, все более тяготеющая к постепенной национализации и вытеснению всех русскоязычных со своих границ, отсутствие крепкого мужского народонаселения детородного возраста (нормальные парни еще лет десять назад стали разъезжаться по Россиям да по другим весям), безнадега приобрести свое собственное автономное жилье (ах, сколько бы проблем удалось избежать, сколько горшков не пришлось бы разбить, будь это возможно!). И вся эта бесперспективность жизни даже в столичном центре на бывшей национальной окраине бывшей большой Страны, то есть периодические отключения воды, газа, и прочих прелестей цивилизации, и непомерные платы за коммунальные услуги, непропорциональные уровню доходов, заставили поплотнее, как способ спасения и бегства от неудовлетворяющей действительности, заглянуть и интернетный котел: а что там, вообще, варится?

Еще раз хочу поблагодарить мою приятельницу Елену, которая первая и подсунула мне пару легоньких таких сайтиков знакомств как www.lovegarden.com и www.lovesites.com. Это позже уже появились в моей жизни такие сайты-киты как http://friendfinder.com, который-то собственно и свел меня с моим нынешним мужем, просто подбросив последнему информацию, что пользователь с юзерсом XXX является его идеальным партнером. Мужик открыл и обомлел – на него смотрел портрет той переводчицы и специалиста по паблик рилейшенз (связям с общественностью), которую он присмотрел для своей компании, листая правительственные сайты своей страны. Оговорюсь для непосвященных. Дело в том, что я по приглашению США летала летом 2000 года в рамках *проекта «Женщины и демократия» освещать проблемы трафикинга женщин в Америке и как с ним борются, чтобы рассказать потом об этом нашим читателям. Я не блатная, просто тогда, что называется «попала в десятку».*

Так вот, мой нынешний муж и прислал мне коротенькое письмецо в начале сентября, а уже в октябре привалил в гости. Я тогда его не очень ждала, побывав тем же летом 2000 в командировке в Дании, приглядела себе тихого симпатичного мужичка и намеревалась «спасаться» в его широких объятиях, старательно заготовив все документы для брака. И не потому что так сильно хотелось уехать из своей страны в другую, на новый национальный язык. Просто оставаться в своей стране было уже нельзя, и промедление было что называется «смерти подобно». А вернее зимнему замерзанию в наших неотапливаемых склепах. Ведь только за удовольствие иметь горячую воду и экономно ее использовать, приходилось плать за электричество, съедаемое бойлером, до 20 баксов в месяц. Для сравнения скажу что средняя пенсия в Молдове двадцать долларов - крутняк? А за квартиру в зимний сезон платить, хорошо если в полтинник долларов уложишься!

Да, что это я все о ценах? Расскажу-ка я лучше о технологии поиска брачного партнера! Так вот, чтобы «завалить» как бурого медведя в брак иностранца, надо написать сотни километров компьютерных строчек всяким другим «колеблющимся» мужчинам. Чтобы, когда придет тот самый, который, может единственный из этих тысяч голодных на женское общество самцов и собирается на тебе жениться, не было дрожи в коленках от невесть откуда взявшегося счастья и дребезжания колокольчика в голосе. Настоящий, стопроцентный брачный вариант, уверяю Вас, придет тогда, когда вы совсем этого не ждете и порядком подустали от однообразных мужских трюков, уже неоднократно описанных другими женщинами. К примеру, по дороге к вам ваш псевдолюбимый опять-таки может «псевдо» заболеть, попасть, якобы, в аварию, не получить разрешения своей страны на выезд, потому что он когда-то работал на секретном производстве. И многая другая чушь больного подсознания еще не однажды отравит ваши сокровенные мечты и ожидания лучшей жизни.

В рассылке статей корреспондентов, с которыми вам доведется переписываться, обязательно окажется пара-другая жадных европейцев, приглашающих вас прикатить к ним за вас счет, плотоядные черные и арабы со всех стран света, намеревающиеся до того как узнать вашу биографию склонить вас на секс в интернете плюс фотографии нагишом. Томные желтокожие вдовцы Ближнего Востока, примитивные турки, у которых встала «труба», пугливые англичане (ох уж мне эти лорды!), умные и изобретательные немцы (особенно, чтобы не платить). Прагматичные австралийцы: а зачем, мол так далеко любовь искать?

Так вот из всего этого пестрого говорливого и шумного Вавилона покупателей вашей женской судьбы, самыми решительными и деловыми ребятами окажутся, как это подтверждает не только моя статистика, американцы. Почему-то всегда более легкие на подъем (я исключаю случаи лиц с явными психическими расстройствами, представители которых есть у каждой нации), они с удовольствием, движимые природным любопытством (все-таки первые американцы белой расы были, как это ни парадоксально-европейцы), невзирая на стоимость билетов приедут к Вам в гости, демократично воспримут ваш быт и обычаи, даже постараются ассимилироваться в окружающей среде. И при удачном расположении звезд (дай бог чтоб в этот раз вам, наконец, повезло!), а также руководствуясь количеством потраченных на вояж денег, если вы не лупоглазая хромоногая уродка, обремененная несварением желудка, предложат вам приехать в Америку с ответным визитом по визе невесты. Или оженятся в Вами на местности, в вашем городке, в зависимости от целей, задач и возможностей текущего и дальнейшего сценария.

... По обобщенным данным, жизнь с ними будет скучна в своем однообразии, при всех финансовых возможностях довольно уныла и практически безвкусна, как еда без соли (это та цена, которую мы платим за стабильность личного уклада в стабильном обществе). Но вы доживете до преклонных лет (если это совпадет с замыслом Всевышнего), нанянчите кучу внуков и на скромную американскую пенсию своего супруга (дай Бог стабильности и процветания из обществу на многие лета!..) будете мирно путешествовать со своим спутником жизни по новому и старому свету, экономя центы, никели, квотеры... Но это уже другая история.

P.S. Все кто интересуется творчеством автора могут посетить егостраницу на сайте http://zhurnal.lib.ru/t/tkachenko_n_n и http://world.lib.ru/t/tkachenko_n_n/.

Перепросмотр прошлого.

Я – Колумб, или первый год в Америке.

Истоки*. По мере того, как устаканивается жизнь, все сложнее заставить себя делать зарубки на память... Прошел год, как мы приехали в Америку. Подобно тому, как молюск, страдая от попавшей в раковину песчинки, творит из нее перл, так и мысль человеческая, чтобы осесть в хаосе воспоминаний и эмоций, творит письмена.... Времена берестяных грамот прошли, и даже начало моей карьеры в журналистике в конце восьмидесятых в Молдове с набором тестов на печатной машинке - это тоже, ох, какое* теперь далекое прошлое! А ведь я еще не стара. В 2002 году мне только исполнилось тридцать шесть. И сколько в эти тридцать шесть сжалось и уложилось: самые первые теплые ощущения воспоминания себя пятилетним ребенком, сидящим на диванчике, которому мама объясняет, где левая, а где правая рука. Правая – та, что к двери, значит, левая, та, что к окну. Квартирка была маленькая, крошечная комнатка с кухней в общежитии. И как только я научила ориентироваться с окном и дверью в пространстве моих раскинутых рук (наверное, уже тогда, чтобы обнять весь мир), мы переехали. Просто папа получил новую квартиру от завода, где работал. Это мне уже пять с половиной...

Я прекрасно помню, как мы минут десять, шли от последней остановки троллейбуса к новому дому (сейчас там фактический центр большого микрорайона с таким невероятным движением!) А тогда мы долго взбирались в пустоту холма, где сейчас растут многоэтажки, по пустынному пространству, которое еще едва ли можно было назвать улицей (теперь там удушье базарчиков и человеческая суета у нового развлекательного центра), к дому с вырытым перед ним котлованом (ах, сколько детских моих незабвенных игр прошло на этой новостройке!) К нашему подъезду, перед которым тогда ничего не росло. Теперь там возвышаются в рост моей пятиэтажки пирамидальные тополя. Говорю моей, потому что истинно то наше, что мы отдали, что нам уже не принадлежит. **Я почему-то с детской интуицией, задрав голову вверх, вдруг посчитала: то окно на четвертом этаже будет наше, как будто что-то кольнуло... Так впоследствии и оказалось. И вселились мы с родителями в новую двушку в пятиэтажке...**

Это потом, позже, появится в моей жизни мой брат, которого родители принесут из роддома, когда мне будет уже семь, и я, застыв на пороге и вложив руки в бока, по- хозяйски проговорю, открывая им дверь: «Ну, я так и знала, что он будет плакать!» А потом пойдут – полетят мои детские года, когда я училась в английской школе, занималась музыкой, убирала квартиру, и помогала маме нянчить брата. И так пробежит еще целое десятилетие...

Красная линия. И вот я уже 17-летняя девушка, с чемоданом в руках и папой в роли сопровождающего, заселяюсь в общагу Московского Государственного Университета, куда мне повезло поступить сразу после окончания школы с золотой медалью. Я расматриваю стены этого нового «дома», где мне предстоит прожить ближайшие пять лет, по которым грязно перебирают ногами мелкие тараканы - усачи, и с отвращением думаю: «Наверное, после окончания универа у этого народа одно желание: поскорее вернуться домой!»

Домой мне по окончании университета, увы, почему-то не захотелось. Но деваться по распределению все равно было некуда. Мне было 22, и я была одинока как тот мосфильмовский «тополь на Плющихе». С любовью университетской с брачными вытекающими у меня не получилось, уж больно «многостаночным» оказался мой парень. И я от безысходности (увы, новой большой судьбы в Москве или еще где в России (а любила я сибиряка), мне было не дано, в «отмазку» перед собственной совестью, возвращаюсь домой, к родительскому теплу. И начинается трудовая жизнь. С праздниками, которыми одаривала историческая Москва со всем ее культурным многообразием, пришлось покончить. Поездки, нескончаемые командировки от республиканской редакции в районы, кропание над стилем и почерком журналиста, интриги более старших по возрасту коллег... Ах, с чем только мне не довелось столкнуться в тот новый для меня 1988 год! Через полтора года, набивши руку на писательстве, я выскочила «замуж по залету». Наверное, многие, кто теперь еще работают в кишиневском Доме Печати, помнят эту нашумевшую историю. Или тогда мне только казалось, что все вокруг шумело? Выдержали мы с ним недолго, всего пару лет, пока родилась и встала на ножки моя дочка Наська. Он был полностью бесполезным существом в доме, поскольку с 6 утра до 12 ночи пребывал в своей редакции. Я почему-то решила, что если еще и можно его держать в любовниках, то совершенно не к чему держать в мужьях, и, собрав вещички, тряхнув на прощание стариной и поучаствовав в престижном СНГовском конкурсе «Мисс Журналистика» в Москве, вернулась в родительский дом, где уже год вдовствовал мой папа (мама моя, увы, безвременно ушла из этой жизни)...

Начались новые будни и новая жизнь. Год 1992. Союз уже развалился, и я осталась в национальной республике с захудалой экономикой. Теперь мне предстояло не просто жить самой, мне предстояло воспитывать, содержать и растить Наську. Потому что никаких других помощников в то время не оказалось. Я бы хотела пропустить этот период самой мрачной части моей истории преодоления себя (и жизни заодно). Скажу только, что, как говорят на востоке: «по мере Вашей и будет вам» – и все, что нам отмерено, доведется пройти, потому что нам даны на Земле только те задачи, которые нам по силам...

Сейчас, когда я смотрю на события того далекого прошлого с расстояния десятилетней давности, я все –таки не понимаю: неужели я сделала это? Неужели преодолела? И в словах и мыслях моих - ни гордости, ни радости, ни злости. Просто пустота. Как будто отторжение инородного вещества. Это была я. Но уже и не я. Это была «некто», которую я знала. И которая прошла всю эту недетскую дорогу, весь этот взрослый путь.

Я, сидящая теперь в тепле американского, не мной налаженного быта, могу позволить себе эту роскошь - воспоминания. Многие из тех, кто остались «там» и бегают по заколдованному кругу, подобно белкам, вращающим колесо, не могут себе этого позволить. Роскоши воспоминаний. Роскоши отторжения. Роскоши безопасности. Скажу единственное: мне не нужны ледянящий душу аттракционы, мне не нужен экстремальный туризм- я это все прошла. Там. Эту инициацию, эту реинкарнацию. И назад, пусть, увы, будет больно тем, кто меня любит, я не хочу. Не хочу ни за какие коврижки, ни даже за бесплатные билеты домой. Я просто не хочу в свое ПРОШЛОЕ. Я не хочу впускать в себя воспоминания, которые держали меня ТАМ на кресте все эти годы.

Устье. Знаете, сейчас отвлеклась на время от этих компьютерных строчек, потом вернулась, и снова, садясь за клавиши, даже не знаю, куда еще унесет меня энергия мысли. Боль от первого года в новой стране, на новом континенте прошла. Произошло отторжение прошлого. Произошло рождение нового «Я». И спасибо жизни и людям за то, что вынесли после крушения на этот остров, полный зелени, пения птиц и... надежд! И какая бы судьба со мной не случилась, что бы со мной не произошло, я и сегодня, проклинаемая и благословляемая многими ТАМ, никогда не устану благодарить провидение за эти ДВЕ, подаренные мне с промежутком в год безмолвия здесь, жизни. Ту, что осталась по другую строну океана. И эту, которую еще только предстоит воплотить. Я испытываю две благодарности: родителям, подарившим мне жизнь, и этому огромному материку - Америке, подарившему мне новую судьбу. Я - Колумб, корабль которого не вернулся к родным берегам, а разбился у берегов новой земли...

Приветствую тебя, новая жизнь, с открытым забралом!

Три «М».

Три «М» было в моей жизни - Московия, Миссиссиппия, Молдова. Самая красивая, любимая и страстно почитаемая, бесспорно, последняя – это как любовь без оглядки. Самая умная, рассудительная и начитанная - первая. Недаром там состоялись мои начальные жизненные университеты.

Самая безмятежная, никуда не гонящая, никогда не попрающая - средняя. Раздольная девушка, хорошая душой, да плохая лицом.

Таких цветов как на моей настоящей родине, я ни здесь, нигде никогда не увижу. Так, как пахнет моя земля, не пахнет в мире ничто! Тот полет души, который можно там испытать, просто выходя на улицу и приветствуя очередной солнечный день, не сравнить ни с чем.

Но почему-то так мы устроены: бежим оттуда, где нам тепло, туда, где сердце сковывает холод. Отрекаемся от того, кто нас - и кого мы - любим. И никак это не поправить - несовершенна человеческая натура. Никак это не восстановить в одну цельную картину, разве что воспоминаний, памяти, сожалений раскаяния и надежд... Надежд, которые едино позволяют нам двигаться в этом кровожадном мире, которые пребывают с нами с младых ногтей до самого последнего часа, с которыми просто нельзя расставаться...

Наташа Ткаченко: Родилась в Молдове, училась в Москве, живет на Миссисиппи.

Наш старый дом.

Сегодня начался первый день Нового года. И я, незадолго до этого вдруг пробудившись ото сна, стала опять как всегда размышлять о прошлом, о людях, которых мне довелось повидать, о судьбах, в разрезах которых живым свидетелем я была. И вспомнился мне вдруг наш старый многоквартирный дом в пять этажей, построенный во времена брежневского застоя. Типовая многоэтажка, по три- четыре соседа на лестничной клетке с планировками одно, двух, трех и четырех комнатных квартир. С учетом того, что в каждой семье было от двух (в однокомнатной) до пяти членов (это с дальними бабушками, прописанными на родственной жилплощади), это означало, что на протяжении 25 лет, что я там с перерывами на учебу в другом городе жила, мне довелось просмотреть судьбы нескольких сотен людей. Конечно, не всех из них я хорошо знала лично, но, как говорится, информационное поле соседского судачения снабжало меня сей пользительной для моей писательской души информацией. И я никогда не думала, что в один день и час, это все вдруг соберется в большой комок, чтобы вспыхнуть, быть проанализированну и навсегда умереть в анналах моей памяти...

Итак, кто же жил с нами?.. Скажу сразу, что дом был построен на средства и для тракторостроителей, то есть работников тракторного кишиневского завода, которому тогда безвылазно принадлежал мой папа. Это были инженеры и простые труженники: кузнецы, слесари, механики, электрики. Большинство, конечно же, некоренной национальности. Это были те самые приезжие из многих крупных городов России, Украины, Белоруссии, которых социалистическая Родина-мать послала поднимать разрушенное войной, да и никогда до этого не развивавшееся бессарабское хозяйство. Молдова, отошедшая в состав Союза сразу перед войной в 40-ом, и претерпевшая фашистко-румынскую оккупацию в годы военного лихолетья, окоровавленная Яссо - Кишиневскими битвами, обесточенная сложенными на ее плечи непомерными тяготами многовекового исторически турецкого рабства, эта вечная невольница судьбы, только-только задышала свободно в пятидесятых годах прошлого столетия. Тогда новая и большая социалистическая родина, вложив средства, послала специалистов, стала образовывать с помощью своих профессоров местные кадры, чтобы поставить эту буферную территорию с колен на ноги. Что, впрочем, получилось, но ненадолго, всего лишь на какие-то недолгие сорок лет. А потом - развал Союза, слабые попытки обрести самостоятельность, не *очень талантливое руководство... И опять вечный плен, протяженностью в сколько же лет, десятилетий, столетий? – скажет лишь история.*

Так вот наш многонациональный ковчег на Флакэре был заселен украинцами, русскими, белоруссами, в немного меньшей мере молдаванами и евреями. И был готов отправиться в свою первую кругосветку судеб в 1971 году, ровно в тот год, когда мне исполнилось пять... Сегодня мне уже грубоко за тридцать и многие из тех, кто выросли со мной вместе, давно уже не живут в стенах старого дома. Там доживают свои последние десятилетия наши старики или уже даже другие старики, дети которых купили квартиры после уехавших или умерших. Дом, некогда бывший большой живой массой молодых специалистов- тракторостроителей и их только что созданных семей, с кучей копошашихся по обе стороны двора детей, превратился в тихий мортиролог ушедшим и уходящим...

Собственно, уезжать люди стали задолго до того, как стали умирать. Уезжали в основном евреи в свои теплые страны. Потом пришел новый строй - очередная перестройка, и через несколько лет подозрительно быстро стало косить нестарых в общем-то людей. Кто-то умирал на больничной койке от неправильно проведенной операции (на моей памяти двое из одного подъезда с небольшим промежутком в пару месяцев), кто-то, наверняка от того, что не выдерживал гонки по вертикали и новых правил разлагающейся после крепких устоев социализма жизни. Так ушла из жизни нестарая еще женщина, Эллочкина мама, потому что, таская с базара и на базар тяжелые сумки, что- то надорвала во внутренностях, истекла в тазике кровотечением и скоренько, чтобы никому не досаждать, покинула наш, видно утомивший ее мир.

Умерла от какой-то непонятной желудочной болезни акушерка Шурочка, принимавшая роды большинства детей нашего дома. Ушла после нее, сгоревши за полгода от рака в 1991 ее ровесница, моя мама. Через полгода был убит, найдым в ванне зарезанным наш сосед Толик-дельтапланерист из кооперативки. Правда, такие смерти, через убийство, случались не только в смутные времена перестройки, но и в старые добрые времена. Помню себя школьницей, которую отводит в школу папа, и по дороге рассказывая попутчику, как ночью сосед с пятого этажа зарезал от ревности свою жену. Вот так вот (тут следовал знак рукой наотмашь) - топором по голове. Меня берет оторопь. До сих пор помню этот момент, хотя мне было едва ли больше 10-12 лет, ведь накануне шел концерт, посвященный Дню Милиции, а тут вот те раз - такое... Волосы поднимались дыбом, и в моей еще не застресованной жизнью голове это не укладывалось: почему? Почему не спасли, не защитили? Убивец Миша был тишайший, как сейчас помню, человек. Жена была, что называется, дамочка с характером. Клик - совпал конфликт с фазой полной Луны, которая открывает тайные программы подсознания, напился мужик до беспамятства (хотя его это не оправдывает) и пошел топором рубить...

Долго потом в этой квартире никто не мог ужиться. Заезжали и съезжали квартиранты, которых Иветочкина (дочки пострадавших) бабушка запускала для подмоги к пропитанию. Ведь папаша девочки сидел в тюрьме, а маменька благополучно пребывала на небесах. А их постояльцы, чем-то всегда неудовлетворенные, и от этого часто съезжавшие, таскали на пятый этаж очередные тумбы и мебель, не раз и не два заставляя нас сторониться. Сейчас в этой, уже купленной в период приватизации квартире, живет довольно продолжительный кусок времени бывший полицейский с женой и с детьми. Видно, то ли священника вызывали для очистки квартиры от бесов (в нашей культуре это практикуется), то ли полицейским все ни по чем...

Были с нашем доме и счастливые женщины, были и несчастные. Так помню дебелую молдованку Галю, что всегда боролась со своим мелкокостным мужем-алкоголиком. Однажды, я лично была свидетелем

того, как он в период «белочки» (белой горячки) решился прыгнуть с балкона.
И уже полетел бы, если б не зажала с поручней его тяжелая супружняя рука.
Алкоголик был спасен и после этого случая сдан на лечение в дурку. Кстати,
дочка их, такая подавленная жизнью и плохой наследственностью девочка,
потом, выйдя замуж за таможенника, не только кардинально изменила свою
весовую категорию, но и разжилась тремя детьми, прикупив еще одну
квартиру в нашем доме на первом этаже и пристроив к ней гараж с куском
жилого здания. Почему это было разрешено в период архитектурных
самостроек и за какую сумму в соответствующих инстанциях, судите сами.
Но если прогуляться по нашим Боюканам в районе моего дома, ох, каких еще
красот из серии «архитектурные чудовища - пристройки» можно
насмотреться!.. Понятно, что возникло все это самовольное строительство
не от излишков, а скорее от недостатков жилой площади, и от того, что
там должны были ютиться порой несколько поколений, отчаявшихся
получить или купить в силу нового экономического состояния общества свое
автономное жилье. Мне лично довелось какой-то период (и довольно
немаленький) прожить в двухкомнатном бункере с моей дочкой, братом и его
беременной женой, прилетающим из Америки время от времени мужем, и
приходящим устроить нам всем разгон «для профилактики» папашей, главой
нашего предприятия и ответственным квартиросъемщиком. Воспоминания
не для слабонервных, особенно, если учесть, что все члены этой команды
считали себя яркими личностями, единственно достойными права
проживания. Но бумаги показывали коллективное владение, и пятьдесят
квардратных метров общей площади (из них только 30 были жилой) делились
таким вот образом. Мы не первые и не последние! В таких же «шикарных»
апартаментах до сих пор живут многие мои ровесники, или те, кто
немного младше меня, с женами, мужьями, детьми и престарелыми
родителями за стенкой, с общей кухней и туалетом, без возможности
разрешить свой квартирный вопрос, как только ценой отъезда или смерти
кого-то из близких (и почему- то всегда при этом думается не о своей).

Общество, поставившее своей экономикой людей на колени, не вправе отторгать и новую мораль, которая родится в этих обстоятельствах.

Когда я перепросматривала в памяти все знакомые мне прежде лица старого дома, которых я не видела уже три года и не знаю, когда еще и увижу, передо мной вдруг промелькнули женские лица, которым нет еще сорока, и которые, как я вдруг догадалась, никогда не были счастливы физиологически, как женщины. Никогда не открыли глубинную природу женского начала, радости свечения навстречу любимому, потому что... их личная жизнь прошла в тех же родительских половинах, где каждый шум боязливо фиксировался стенкой, где зачинались дети, матери которых ничего не ведали о природе оргазма, и где отцы этих детей, не выдержав пресса чужих родителей, просто тихо и незаметно сбегали. И при этом, не будучи по своей природе подлецами, оставляли такой отпечаток в сознании своих детей...

Но у иных, даже испытавших все переливы страсти, тоже не всегда складывалось. Так, помню красавицу Зойку, чьи родители, переехав в Россию, оставили ей просторную трехкомнатную квартиру, куда она и привела молодого мужа. Суть да дело, пошли годы, появился Ванька, а потом что-то стряслось- случилось с этой содрогающейся от экономических потрясений в обществе, семьей. Как - то, вернувшись с заработков, муж, прослушав «доклад» соседей о якобы «похождениях» супруги, взялся ее поучать по дедовскому канону, рукоприкладством. Этот современный молодой человек так колотил ее, что переполошил весь дом, поднявшийся среди ночи от криков обезумевшей жертвы. «Наука» продолжалась не час и не два, потому что на стуки наши с требованиями урезониться двери не открывались, а полиция до утра приехать не удосужилась. Так мы и провели эту ночь под аккомпанимент криков: избиваемая и соседи, бессильные ее спасти... Днем музыкантшу- Зойку, уже в гибсах и перевязках «благоверный» сопровождал на прогулку, нежно вынеся ее на скамеечку перед домом на руках...

Много чего можно рассказать из истории старого дома. О моей ровеснице Бэлле и ее муже скрипаче Яше, уехавших со своей столь колоритной для наших южных мест родней в места обетованные. О девушке-корабеле, получившей прекрасное образование в Ленинграде, а на родине, в связи с профессиональной невостребованностью, не от хорошей жизни занявшейся раскошеливанием «доходных» мужиков. Об Алене по прозвищу «Сахарок», решившейся в голодные годы перестройки родить без мужа, потому что удивительным было ее зачатие при окончательном диагнозе «бесплодие». И о том, как весь подъезд доглядал ее сынка в коляске, пока Алена, зарабатывая, строчила на своей машинке. О Руслане из многодетной неполноценной семьи, который прорвался, выучился и стал неплохим актером в Москве. О его сестрице, которая рано познала преимущества «кошки, которая гуляет сама по себе», но неблагополучную семью свою, в которой выросла, не оставила, не забыла: приехав из очередного «брака» в Греции, сделала на свои деньги не только полный капитальный ремонт, но и обставила квартиру бесприютной своей мамаши и младших братьев. О Леночке-гагаузке, которую, как только она окончила школу, родной брат, предприниматель Андрей благополучно «продал» в брак корешу из горячих южных народов. Леночка, впрочем, и сегодня благополучна, и среди бриллиантов и пальм, теперь живет за границей, снабжая родительскую семью необходимым запасом денег на проживание и редкими приглашениями в гости. А если посмотреть да задуматься, не всем –то так и повезло. Знаю соседку тетю Лиду из первого подъезда, которая всю жизнь собирала по мусоркам бутылки, чтобы от голода не умереть, и чья задолженность за коммунальные услуги в несколько тысяч леев была постоянным позором объединенного в Ассоциацию владельцев приватизированных квартир, дома.

Кстати, немного по поводу той самой приватизации, которая вдруг, с приходом нового строя, в один день сделала из нас, просто проживающих на государственном жилье с пожизненным правом, владельцев собственных метров. Это было в году, наверное, 1993-1994. Новый экономический порядок вдруг решил, что распределение народного некогда достояния, должно попасть хоть немного и в руки того самого народа, который все эти богатства создавал. Поэтому каждому, в зависимости от стажа и выслуги лет, были выданы боны. Это уже история, и при этом весьма комическая, потому что в один момент все эти боны, вложенные, например, в акции предприятий, превратились в дым. Но те, у кого хватило ума, а хватало его практически у всех, просто внесли боны как долю в приватизацию некогда государственных квартир. То есть государство как бы перекупило боны, отдав людям их собственные, обжитые и засиженные метры. О законности такого очередного «напаривания» трудового народа можно говорить долго, но тут и без этого началось... По закону, на жилье назначался основной владелец, а остальные были как бы совладельцами. То есть продать, обменять или что-то решить без участия главного квартировладельца, они не могли. Как, впрочем, и он без них. Это уже в новое время дельцы, поднаторевшие на подложных бумажках, творили за определенную мзду чудеса: так участники сделок изымались, случалось, из домовой книги, и квартира переходила в руки новых владельцев, минуя распределение каравая прибыли между всеми участниками приватизационного процесса. Свято соблюдалось лишь одно - интересы детей до 16 лет. То есть они не могли быть сброшенными со счетов, доколе не были прописаны в каком-либо другом месте. Или сделка по происшествии времени, обнаружь ее, запросто аннулировалась, и новый владелец искал старого, чтобы бить ему морду, и попытаться получить назад кровные, по коммерческому тарифу оплаченные «бабки» (потому что обычно все акты купли-продажи осуществлялись по заниженному в 5-10 раз государственному реестру).

Ох, сколько таких сделок развалило сколько судеб! Помню, жившую некогда в той самой квартире убийцы, который зарубил жену топором, предприимчивую гинекологиню цыганских кровей Марианну. То, что эта достопочтенных лет дама умудрилась сделать, так это продать квартиру то ли пяти, то ли шести лицам одновременно. И благополучно скрыться. Жилье под номером 34 (удачный все-таки номер) находилось все эти годы под арестом. А к нам на протяжении пяти лет захаживал участковый, который все составлял протоколы, когда мы в последний раз видели предприимчивую дамочку. Потом о ней все забыли (потому что, как говорили, она «подмазала» саму полицию), и она свободно разгуливала по нашем микрорайончику, а за ней, ночи напролет, порой в зимнюю холодрыгу, дежурил на лестничном пролете один из таких пострадавших. Подле неудачной сделки от него ушла жена и он, наверное, хотел заглянуть в глаза разрушительнице своей судьбы. Мы сначала боялись и сторонились паренька (страшно ведь открывать дверь, зная, что в твоей квартире пусто), когда на расстоянии лестничного пролета нависает мрачная фигура. Поэтому приходилось предварительно имитировать: звонить в собственную дверь, стучать кулаком, и громко взывать: «папа, проснись!». Или просто звонить соседу по лестничной клетке, чтобы как бы поболтать, но на самом деле заручиться свидетелем в этой процедуре вхождения в собственную дверь. Потом, мой молодой сосед Славка, ровесник дежурившего паренька, поговорив с последним по душам, выяснил причины его дежурства, и мы уже охотно предлагали ему, сочувствуя, кто огоньку прикурить, кто табуретку с кухни - посидеть, тихонько радуясь, что у нас на этаже есть такая бесплатная «живая» охрана.

Все видали и слыхали стены старого дома... И алкоголиков побродяжных, решивших заночевать, а заодно и помочиться в подъездах, и побирушек-попрошаек, просивших кусок хлеба, и его же во дворе выбрасывавших. Знал дом гостей, разного чина и звания, знал любовников счастливых и разгневанных, новорожденных и свежепреставившихся... Знавал старый дом добрые и недобрые времена. Наверно, особенно добрыми они были времена его и нашего детства и молодости наших родителей, в то особое время окрыленности силами и надеждами, которое бывает лишь в *период первоначального цветения и стабильного общественного уклада. Когда дом только зачинался со всей этой массой снующих и определяющих свою судьбу новых жильцов, чтобы обжить пространство, наши отцы сажали по весне деревья: молоденькие тополя, цветущие вишни, орех, которым так славна наша черноземная земля! Тополя уже давно переросли вышину нашего пятиэтажного дома, иные из них не так давно срублены, за излишнюю пушистость в мае. Когда-то завивался доброе двадцатилетие вокруг нашего балкона на четвертом этаже виноград. А потом новый сосед-идиот, разъяренный, что пацаны, ограбившие его квартиру сбежали по этому стволу виноградника (сам, дурак, дверь оставил незапертой), рубанул топором по живому и отсек ствол жизни. И не стало по весне прозрачного сока в лозе, не стало курчавящейся над головой тени в августе, не стало доброго черногроздьевого цвета мусса в сентябре - умер наш балконный виноград!*

Ушли из жизни старые добрые привычки наших родителей сушить и хранить на балконах орехи: повадились белки - домушники. Поменялись старые из прессованного картона двери на тяжелые, литые из металла на том же заводе тракторостроителей, чтобы справиться с домушниками - людьми. Кропотливым и кровавым трудом создаваемый хоть и малый достаток стал под угрозой. И никто уже не отворял тебе приветливо, по-соседски, двери, предварительно не посмотрев в глазок и для верности не спросивши: «кто там»?

Ушли из жизни последние столпы, корифеи и легенды старого дома. Почили бозе тетя Маруся, а годом спустя и ее почтенный супруг дядя Миша, на правах старожилов по возрасту, знавшие, не сходя со своих скамеечек обо всех и вся. Если нужно было разжиться новостишкой, стоило лишь на минуточку присесть к ним на крылечко - и вести настигали тебя. И ты сам становился объектом для новых вестей, когда засидевшись, нечаянно пробалтывался о сокровенном... Тетя Маруся, да будет ей молдавская земля пухом, ушла от нас быстро, в жаркий августовский полдень, убитая трудно переносимым для наших гипертоников климатом. Ее супруг, дядя Миша, оженившись в свои семьдесят шесть по второму кругу, потому что по его словам в доме ему не хватало «женщины», взявши «молодуху» лет пятидесяти пяти, не выдержал темперамента ее пост-климактерического горения, и сам сгорел меньше чем за год. «Молодуха» проводила в последний путь дядю Мишу с почестями цыганского барона, по положенному молдавскому народному канону разложив на пути следования гроба до тумбы во дворе роскошные расшитые подушки. Вообщем, общественую пристойность соблюла. А почему бы и нет? Ведь за один год семейного «труда» ей отошла в личную собственность приватизированная квартира, которую она потом впрочем, к своей вящей выгоде быстро продала. И то, что другие получали годами труда на заводе, или выкупали семьями у государства бонами во время приватизации, то, что составляло благословение (все-таки своя крыша над головой) и проклятие (под этой «крышей» ютилось слишком много голов) многих, к иным отходило легко, в один день, как и все, во вдруг перевернувшейся жизни, где можно было в один день выиграть то, что обычно раньше зарабатывалось годами, а в другой все потерять...

...Сегодня, когда меня разделяют почти сутки перелета от старого дома, где навсегда для меня остановилось время и заглохли голоса дорогих моему сердцу соседей, в чьих стенах теперь наслаждается покоем от нас, детей, мой папа, где по прежнему пульсирует время и развивается какая-то другая, уже неизвестная и неведомая мне жизнь... Где влюбляются, страдают и женятся, перекупают площади, рождаются и умирают старые и новые люди, где навсегда замерла в измерениях пространства и стен моя прошлая судьба, я хочу понять: случайно или нет свело нас тогда, более тридцати лет, назад под этой большой крышей общего дома? Что распорядилось тем выбором: прихоть ли загадочных обстоятельств, или какая другая планида? Что было, есть и будет в судьбе каждого из нас? И чем, как говорят карты, «сердце успокоится»? Потому что как бы мы ни считали дом и все, что в нем было, своим, увы и ах, в тонкий мир нам будет дано пронести с собой лишь немногое: матрицы воспоминаний, энергетические модели времени, в которых мы были счастливы или несчастны или делали таковыми своих близких. Старый дом, вероятно, хотя все прихоти судьбы возможны, переживет еще во много раз каждого из нас! Или даже наших детей, племянников, внуков. Которые войдут в эти стены, пребудут там, и наслоят на свои судьбы то, что мы уже до них в этом пространстве прочертили - заделали. Доброе, злое, постоянное и не очень. Ветренное, верное, жадное и щедрое, великодушное и доброе. Потому что мы все дети одного племени - землян. Мы сделаны на любом континенте пусть из разного цвета кожи и разных языков, на которых мы говорим, но из одного теста: человеческого сознания, его противоборства, противоречий и поиска тропы, к истине, к самому себе...

И откуда-то издалека навевает мне память песенку на стихи Е. Евтушенко, моего нынче американского земляка: «Качался старый дом, в хорал слагая скрипы, и нас, как отпевал, отскрипывал хорал. Он чуял, дом-скрипун, что медленно и скрытно в нем умирала ты и я в нем умирал... ...Качался старый дом, скрипел среди кративы и выдержку свою нам предлагал взаймы. В нем умирали мы, но были еще живы. Еще любили мы, и, значит, были мы»...

Детям о детях.
Забавные приключения Пирата и Малютки.

Посвящается моей ученице по музыке, научившей меня заново видеть мир детскими глазам, а также другим славным детям.

Глава первая. Как в нашей жизни появились эти коты.

«Котят хочу завести», - вслух ныла Наська как раз незадолго до начала Нового года, под Рождество. А как известно, если чего-то сильно желать, особенно в канун больших праздников, оно непременно исполнится.

Наськиному мечтанию был свидетель – наша гостья Кэти из Галф Порта, которая даже стала предлагать ей способы этого самого котеночка получить. Такие, как просмотреть бесплатные объявления в газетах в рубрике «Зоопарк», или позвонить в местную ветлечебницу - там часто оставляют маленьких котят.

Но я, Наськина мама, совсем не горела желанием драить и мыть еще в дополнение ко всему семейству и за котами, поэтому сразу же пресекла на корню эти разговоры, сказав, что всерьез поиском заниматься если «не судьба» не будем, а вот если представится или распорядится случай... И он представился, и как странно.

Еще до того как начался Новый 2002 год, но уже прошло рождество, к нашему домику в глубине Миссиссиппского леса приблудилась кошечка. Белая, гладкошерстная с тремя черными пятнами по центру спины. Мы так ее мысленно и окрестили: «Светофор». Но имени никакого не дали, оно и понятно - не наша кошка, чего уж ей имя давать. Однако, «не наша» кошка никуда, видно, не собиралась уходить, и прожив на крыльце и день и два бодро доедала кусочки за нашим псом – карликовым пинчером. И тогда мы мысленно прозвали ее «грабительница». Кошка эта в руки не давалась, но питаться приходила к нам исправно - утром и вечером, и мы стали, чтобы усмирить гневный рык собаки, насыпать ей отдельно. С этого момента началась наша дружба и наши отношения.

Зима на Миссиссиппи, как известно, не холодная. То есть я лично всегда в декабре «загораю» в майке на крыльце, нежусь на солнышке. Да и ноябрь на удивление теплый – субтропики. В январе и феврале холодает, но не настолько, чтобы увидеть снег, или хотя бы поносить новую шубу, привезенную мною из Европы. Так и наша новая кошка, облюбовав поручень на крыльце, «загорала» на нем днем и ночевала ночью, обзирая все, что делалось в большой комнате через окно. Так и развлекалась, как в бесплатном театре. Мы иногда скребли ей пальцем по стеклу, как раз напротив ее застывшей мордочки и она отвечала царапаньем когтей, но в дом ее не пускали. Во- первых, потому что у нас уже была собака, а во-вторых, потому что папа наш, химик по профессии, был уверен, что коты – разносчики разнообразных заболеваний. Ну нет, так нет, и суда нет, зато теперь, выйдя на крыльцо, Наська могла ласково позвать кошку: «кыс-кыс» или просто почесать ее по брюшку, если удавалось проявить стратегическую хитрость и отловить ее между тарелкой и густой травой, куда она неизменно шмыгала, когда на крыльце появлялись люди.

Месяца через три - четыре, то есть ранней весной в марте – апреле, мы стали замечать интересные перемены в нашей Мурке. Она теперь не пыталась после еды обратиться в бегство, она даже очень ласково терлась у Наськиных или моих ног, предвкушая ритуал получения еды - нагребания полного стакана мясных «кусочков» сухого корма. И брюшко ее по наблюденям моей дочки, почему- то набухло и стало округлее. «Наверное, толстеет, -сказала Наська. - От сытой жизни». Но я уже начала подозревать, что тут что-то не так. Пухнущий на глазах животик, ну, как Вам сказать? Это верная примета того, что у самочки будут дети, и значит где-то в лесу у нее есть муж – лесной кот. Интересно, где она его нашла, у нас ведь в округе только одни собаки...

Вообщем, наши дискуссии по поводу того, беременна или небеременна эта кошка, или она просто отъелась и обленилась, закончились очевидностью – кошка исчезла на какой-то один день, а потом пришла с провисшим как тряпочный мешочек пузом. И мы поняли, что она стала матерью. Но где же, где, она прячет своих детей, маленьких кошенят? Мы старались ее выследить. Причем следили все: я, Наська и мой муж, опытный в деле разведки, но все оказалось напрасно. Кошка запутывала следы не хуже той лисы, о повадках которой мы знали из книжечки «Лиса Патрикеевна». То есть кошка по- прежнему регулярно приходила завтракать и ужинать, но уже не ночевала на перилах крыльца, а когда шла в лес, где, вероятно, у нее и была ее кошенячья «берлога», то делала такие петли, что даже радар бы заплутал в ее планах.

Потом мы с дочкой на недельку уехали по делам, а когда вернулись (кошку за время нашего отъезда кормил наш папа), то обнаружили, что никаких долгих ночевок с котятами она уже не проводит, и, погоревав, справедливо решили, что как молодая и неопытная мать, может первородка, эта кошка погубила потомство. Огорчению моей дочери не было предела, она ведь так мечтала нянчить и лелеять кошенят нашего «Светофора». Но я сказала ей: «Не огорчайся, первый блин всегда комом, или лиха беда начала! Кошка ведь наша еще молода и скоренько сможет иметь детей, коль скоро у нее есть муж - лесной кот».

Я никогда его бы не увидела, если б он не проявил своего «мужского» любопытства, посмотреть, где обитает его «невеста». Он оказался большим и черным, с отстранным видом, пристальными как заколдованными, прямо смотрящими зелеными глазами и совершенно безразличным к тому, чтобы нам понравиться. То есть никаких попыток перебраться и поселиться к нам он не предпринимал – и слава Богу! Но зато пару раз я видела его убегающую или крадущуюся спину, а потом наша кошка, опять, как ни в чем не бывало, появлялась на регулярный завтрак у крыльца, трясь об ноги хозяйкам.

Она – парадокс? - никогда не мурлыкала и первое ее мурлыканье за приблизительно через десять месяцев совместного бытия, я услышала, когда она уже произвела на свет второе потомство и выгуливала своего первенца, нашего нынешнего кота Пирата. Однако, вот подробности, как это все было...

Главка вторая. Мечты сбываются- или у нас появляется котенок...И даже не один. *Итак, в июне того же 2002 года наша кошка снова выносила и на этот раз уже выкормила потомство. Очередные лесные ее трюки с утаиванием младенцев продолжались почти месяц, но вот наступил тот славный августовский денек, когда у молодых кошенят прорезываются глазки, крепнут лапки, и им уже пора переходить с молочного материнского кормления на добывание своей собственной лесной пищи и лесное укрытие явно становится не приспособленным к развитию их новой жизни и котячей судьбы. Они перебирается из леса ближе к людям. Вот как оно вышло в нашем случае...*

Не секрет, что мы живем в так называемом «мобильном» доме, где основание не стоит на земле, а покоится на специальной кирпичной кладке. Дом этот хорош тем, что если собираешься куда в скором времени переезжать, то его можно снова запросто загрузить на колеса – и вперед со всем скарбом! Как черепашка с панцырем. Так вот, кошка наша, изучив все с ее точки зрения «достоинства» такого дома для нее, кошки, лично, где-то нашла небольшой зазор или щель у основания, и вся ее котячая семья переехала в нам в трейлер, поближе к людям. То есть мы не видели как она их, взяв за шкирку, по очереди переносила в обнаруженное, а может и проделанное ею ответстие, но вскоре «унюхали» через вентиляционные щели, весьма специфический запах котячьего душка. Надо сказать, что аромат этот, пока был не силен и сильных поводов к тревоге не подавал. Но вот когда он, помноженный на летнюю жару и то, что котята, видать по всему, мочились прямо там же, где жили, то есть в нашем подполье, стал издавать букет запахов, тогда мы уже всей семьей забили тревогу – надо было что-то делать, изобретать им другой дом.

Итак, одним теплым августовским вечером, я, по обыкновению моя посуду и при этом пялясь из окна, привлеченная каким-то мелодичным мурлыкающим звуком, увидела удивительнейшую сценку! Наша кошка, вытащив из убежища щели, выгуливала на траве своего старшего котенка! То, что он старший и ее главная надежда и гордость, мы определили сразу. Ну где Вы еще найдете такого крупного красавчика родом около месяца - полутора, который вобрал все лучшее в расцветке от своей мамы и папы, лесного кота! И серовато- беловатый, пушистый, сейчас жалобнейшим образом мяукал, если вдруг мамы не оказывалось рядом. А она, как будто специально для него, чтобы показать, что мир огромен, отходила в сторону, и наш чудеснейший в мире котеночек, нежнейшим жалобным звучком, сигналил ей, и одновременно всему миру, что он одинок, затерян и жаждет ее материнской любви!

Ах, наверное, такие прекрасные сценки можно наблюдать, когда любая лесная мамаша знакомит свой выводок с многообразием окружающего мира. Вероятно, не менее трогательной будет и сцена медведицы и медвежатами, волчицы с волчатами и лисы с лисенятами. Все живое прекрасно и трогательно в своей фазе раннего младенчества!

Итак, наш новопроявленный котик двигался с музыкальным озвучиванием в траве, получая свои первые уроки жизни, а я, боясь проглядеть такую возможность наблюдения за его первыми шагами, даже не успевала побежать за видеокамерой. Вы представляете, какая жалость будет, если все это чудо в одно мгновение испарится с нашей лесной лужайки и мы не сможем вдоволь наглядеться его волшебных прикосновений лапками, нюхом и глазками к познанию мира? Правда я успела позвать дочку и мужа, которые были со мной рядом и могли также насладиться этим новоявленным чудом.

Если Вы думаете, что нам досталось такое счастье, как подержать в руках чудесных крошек, Вы глубоко ошибаетесь. При каждом нашем приближении к ним в последующие несколько месяца (точнее четыре), лесные кошаки (а их в ту пору было двое) кидались в рассыпную, как при виде невиданной опасности. К тому времени нашего первого знакомства, мы «запеленговали» еще и второго. Он, едва ли научившись ходить, взобрался на ствол старой сосны и оттуда с дикими позывными опасности мяукал. Ведь как страшно в должно быть впервые увидеть мир с ветки высотой в нескольких метров. Скалолазный ты наш котеночек! Наши попытки его снять, увы, не увенчались успехом. Он царапался и отползал еще выше. И мы уже думали, что эта пищалка проведет на стволе остаток вечера, когда, отойдя и оставив его в покое, углядели нашу кошку, спускающуюся с ним по стволу с дерева, держа его за шиворот в зубах.

Глава третяя. Они боятся людей, но постепенно к нам привыкают. Может я забегу здесь вперед, если скажу, что первый раз нам довелось подержать их в руках месяца через четыре после их рождения. Котята с удивительным постоянством боялись «гигантов» из большого дома, которыми мы им казались.То есть в их взгляде на нас можно было разглядеть внезапный ужас, который мы своим появлением вызывали. Однако, есть сухой корм, который мы им насыпали на картонные тарелочки, они не брезговали. Осознавали, видать, нашу полезность. То есть пищу нашу принимали и после этого бежали «завалить» свою мамочку, чтобы подсосать ее драгоценного тепленького молочка. Чем больше они нас дичились, эти приятные пушистые и такие привлекательные комочки, тем больше нам с Наськой становилось обидно и хотелось их словить. И мы разработали целую стратегию.

Картонная коробочка с едой теперь ставилась на нижнюю ступеньку крыльца, морда Пираши или Малютки – так мы к этому времени уже определились с кличками наших котят – высовывалась из- под деревянных прорезей лестницы и осторожненько начинала загребать те самые кусочки. Мы им давали какое-то время подпитаться, а когда еда уже подходила к концу, бодро цапали их за шиворот, скрытые до того нависающей верхней ступенькой. И если зацепив Пирашу его еще можно было пару секунд, пока он, извиваясь всем телом, не вырывался, удержать, то с Малюткой такие шутки не проходили: она тут же исхитрялась, поворачивалась и, или царала вас небольно меленькими въедливыми зубками, оставляя красные выбоинки на вашей руке, или со всего размаха своей небольшой котячьей силы лапой, била вас, оставляя тоненькие кровавые порезы когтей на коже. Нам было не столько больно, сколько обидно. Ну ведь ты, пушистик, ешь нашу еду, почему же ты не хочешь с нами дружить, а царапаешься и убегаешь?

Немного яснее причины такого их дикого лесного поведения стали после одного маленького события, которое мне довелось наблюдать в их лесной жизни. Когда я узнала об их диких предках и их родословной. Котята подрастали и мать уже учила их ходить на охоту. То есть добычей по-прежнему занималась большая кошка, но ее дети при этом должны были следовать за ней к полосе леса и оттуда в кустах наблюдать и самим повторять, как их родительница притаивается, стережет, затем неожиданно прыгает на зазевавшуюся добычу. Ну а посколько коты охотятся в основном ночью, предок- то их был зверь лесной, а днем отсыпаются, то и уходила в загул семейка как раз под закат солнца, и обычно отсутствовала где-то всю ночь.

И вот однажды ранним утром, часов так в пять, разбуженная непонятно от чего, я, по уже сложившейся деревенской привычке, вышла продышаться на крыльцо, и...замерла. Из за кустов, вальяжно покачивая хвостиками, выходило наше котячья семейство со счастливой и довольной мамой во главе, уныло скребущимися за ней ее детишками, нашими котятами и замыкающим эту шеренгу... папой лесным котом. Это был тот стародавний поклонник, который пару раз весной навещал на хуторе нашу кошку, и вероятно, тот счастливчик, которому она отдала предпочтение в деле созидания своего потомства. То есть это был самый настоящий лесной и поэтому, вероятно, дикий папа – кот, родитель нашего Пирата и

Малютки, которого мы не видели ни разу со времени их рождения. Он спокойно и с достоинством проводил семейку к месту их резиденции, и в стороне с не подозреваемой дотоле мною любовным вниманием, наблюдал за игрой своих детей. Мама кошка к этому времени покоился на перилах, котята затеяли обычную утренюю возню в траве со свесившимися колосками и между собой, а кот- отец все наблюдал и наблюдал за ними, как за забавными игрушками, им же и произведенными на свет, в почтенном отдалении со своими внимательными зелеными глазами и застывшим как у египетской статуи мраморным телом с черной шкуркой. Не знаю, не будь меня на крыльце, подошел бы он поближе, но я впервые в жизни обнаружила, что такое котячая отцовская любовь к своему потомству. То есть о любви матери в животном мире к своему потомству много рассказывать не надо – это очевидно, а вот о любви отцов- животных к своим детям, любви такой неактивной, отстраненной, но все же существующей, мне до этого слышать и наблюдать не приходилось.

Глава четвертая. Без мамы. Прошел неполный год с того времени, как на свет появились наши пушистые дурики. Они все так же выгрызали соски с молоком у порядком уставшей от них матери, все так же били лапой друг друга в морду за место у тарелочки. Они по- прежнему очень редко давались к нам в руки, и по- очереди залезали в большой картонный домик, который к тому времени мы им подготовили. Такой домик обычно жил от дождя до дождя. То есть взяв очередную, большую, позаимствованную в Вол Марте коробку, я обычно склеивала ее стены скотчем, а потом делала полукруглый надрез – вход для дома, куда по- очереди просовывались наши питомцы. Застилала днище какой-то мягкой тряпкой или майкой, которую уже никто не носил, иногда даже натягивала на картонный дом целофановый пакет, чтоб не мок. И - вперед, изба была готова! Но чем больше вырастали котята, тем более раздраженной по отношению к ним становилась к ним кошка- мама, нервничая от их неустанного желания подсосать, да еще и делить с ней место в одной коробке. То есть если свою дочку Малютку она еще в одном боксе терпела, то к Пирату испытывала категорическое «ноу» - то есть нет. Наша кошка – американка и поэтому, наверное, думает на английском языке. Пират, наш любимец, большой и пушистый кот, по весу вдвое больше своей сестры, становился изгоем. Мама его игнорировала, обижала, не давала ему есть у тарелки рядом с собой, била по морде и ужасно раздражалась и шипела, когда малыш уже сам размером с маму, заползал за всеми в будку. Конечно, она его выкормила, вырастила как могла и научила даже ловить мышек - об этом позже отдельная история, но прививать в нашем единственном котячьем мужчине чувство внутренней ущербности, нежеланности и неполноценности - это уж слишком. Я такого вытерпеть по отношению к своему любимчику не смогла. Поэтому договорившись с соседкой, у которой развелись мыши, к тому же боясь того, что округлившийся живот нашей мамы - кошки опять грозит уже новым потомством, а у нас и с этим забот был полон рот, свезла нашу Мурку на соседнюю фазенду, что за пять минут езды, мелькнул хвост - и только ее и видели. Я где- то читала, что кошки возвращаются, и этой, если идти к нам домой, было бы всего пару часов пути, но то ли она просто не хотела назад к тяготившим ее в ту пору детям, или была занята подготовкой к новому материнству, но наша «Светофориха» домой ни через день ни через пять не пришла. И слава богу! Котята немного без нее пожурились – погоревали (особенно страдала Малютка, Пират к этому времени уже стал самостоятельным), но в большую трагедию это не переросло. И шар земной продолжал вертеться вокруг нашего трейлера с котятами, но уже без их мамаши.

Глава пятая. Охота и угощение. Как- то утром, выйдя на крыльцо, я обнаружила очень малопривлекательную на мой взгляд картину. На ступеньке прямо перед входом лежала треть умертвленной мышки, а за ней волочился кровавый хвостик – след. Я, брезгливая ко всякому неживому, попросила мужа убрать этот фрагмент туловища, благо ему это как бывшему работнику полиции это не претило, а сама принялась яростно струей из шланга мыть крыльцо. И все было бы вскоре забыто, если бы не подоспевшая со школы дочка, которая дала свою интерпретацию происшедшему. По ее чуткому, начитавшемуся Джеймса Дарелла, детскому мнению, данный кусочек мышки был... угощением нам от наших котов. Так сказать знаком особой их котячей признательности за наше доброе человеческое к ним отношение. Я конечно была тронута, но скрыть своего отвращения при воспоминании утренней картины, не смогла, да и все тут...

Глава шестая. Как играют наши дети. За что я люблю Пирата и Малютку, так это за их бесконечные игры. Они никогда не унывают и настолько изобретательны, что самый изощеренный писательский ум теряется, когда видит все новые формы из игр. К примеру, они могут затаившись на грядке в огороде начать прыгать друг другу через спины, наверное, имитируя наши человеческие «салочки». Они могут по очереди скрести когтями близлежащие деревья с самым серьезным видом, как будто нет ничего важнее этой самого подтачивания когтей. Причем один начинает, другой продолжает. Еще Пират и Малютка могут начать преследовать вас на огороде, и непременно вьются вокруг вьюном возле коробки, в которую я собираю помидоры, будто оказывая посильную помощь. Если негромко позовешь Пирата: «кис- кис», он тут же, ласково замурлыча, подгребая очаровательными черно-белыми лапками, плавно вихляя хвостиком, скользит к тебе на дружеское объятие. Причем и ты его гладишь, и он трется у твоих ног. Вежливый, даром что мужик. Малютка, хоть и дама, совсем не такая. Она дикая и вечно всем запуганная. Почему, отчего - не знаю, не могу сказать, она от рождения такая. Глаза большие, как бы выпученные, и в глазах какой-то прозрачный то ли страх, то ли настороженность. Еще они любят валяться в песке или придорожной пыли, а также после сытой порции сыра – по английски «чиза» тщательно себя вылизывают и также моют друг друга. Особенно старается Малютка. После того, как она сама побывала мамой и уже успела определить в новые семьи своих детей, она относится к Пирату с прямо таки скажет материнским покровительством. Но обо все по порядку...

Глава седьмая. У наших котов появляются дети и они становятся родителями. *Думаете так легко расставаться с иллюзиями недолгого котячьего детства и самому становиться родителями? Нашей кошечке не было еще и года, когда она от весенних любовных игрищ с Пиратом забеременела и готовилась становиться матерью. Если Вы думаете, что нас это явление обрадовало, то Вы ошибаетесь. Мало нам было хлопот с недавними малышами, уже чуть подросшими котятами, а тут они собираются принести, не прошло и года с их рождения, свое потомство? Им было может и весело, а нам явно было не до шуток. Вообщем, на Пасху Малютка опраcталась котятами. И рожала она их в том самом подполье трейлера, где когда-то ее мамаша прятала их малышами. Дело было на 22 апреля, и я всю ночь не могла сомкнуть глаз от писка новорожденных, которых Малютка не очень- то жаловала своим посещением. То есть, она их кормила и убегала, а им было, видно, холодно и одиноко в своей норке на жестком металлическом полу. На второй день звуки стали все реже и все тише, Малютка с недоуменным видом мылась на солнышке, подбадриваемая Пиратом, на третий день, звуки почти совсем прикратились и я поняла, что если мы сейчас не достанем из подполья малышей, они умрут.*

Вообщем, не буду вдаваться в детали, каким трудами Насте удалось их протащить через какую-то трубу в коммуникации, связывающей дом, скажу только, что на свет были выужены трое крошечных двудневных котят, с закрытыми пленочкой глазками, жалобно плачущими и ищущими материнский сосок для того, чтобы подкормиться и выжить. Если вы думаете, что Малютка так и прибежала исполнить свой материнский долг, то Вы ошибаетесь. Она, конечно, проявила беспокойство, видя, как мы собираем малышей в коробку, и даже зашла с нами в дом и заглянула в нее, но сидеть с ними, или даже кормить их у нее, явно, не было не малейших намерений. Я ужасно разнервничалась, но вспомнив, что у нас есть в холодильнике молоко, достала и подогрела его, и наполнив шприц, мы стали с Настей потихоньку, капля по капельке, скармливать молоко пищащим комочкам. Один из них, что покрупнее, видно самец, весь окрасом в папашу Пирата, сосал жадно. Другая, видно дамочка, пятнистая, как ее бабушка Светофор, тоже понемногу, хоть и не так активно ела. А третий слабый двигающийся на ладони комочек, никаких навыков сосания не проявлял. Шприц с теплым молоком забулькивал жидкость ему в крошечный ротик, но он даже не сглатывал, и молоко как бы само сливалось по его шкурке обратно. Спасти ситуацию в принципе со всеми тремя котятами могла бы только их мамаша Малютка. А как по- другому вы представляете себе весь этот процесс кормления в течении рабочей недели, когда людей по 8-10 часов не бывает дома, а режим требует давать котятам прикорм каждые два часа? Решить эту задачу могла в наше отсутствие в надвигающуюся рабочую неделю только их мамаша, Малютка, а она-то как на грех, все пыталась убежать. И Пират как то жалобно скребся в дверь, как бы ее к этому подговаривая...

Я рассвирипела ни на шутку, готовая на самые жестокие и крайние меры, применительно к родителям- котам. А что бы Вы делали на моем месте, зная, что котята умирают, не займись ими мама? Вообщем, решили так: мы закрываем Малютку и малышей в большую просторную коробку, с предварительно прорезанными окошками для дыхания, но так, чтобы никто не мог удрать! И ставим эту коробку на ночь в ванную комнату. По любому малыши найдут материнский сосок и примутся его подгрызать А там, глядишь, и молоко пойдет им в ротик и они успокоятся и пригреются. А утром в понедельник посмотрим, что делать дальше.

Утром мой муж позвонив в звериную лечебницу, рассказал нашу ситуацию и попросил совета, что делать? Там нашей кормящей маме и ее малышам очень обрадовались! Дело в том, что где-то случилась беда, погибла кормящая кошка, попав под машину, и в зверином госпитале появилось три пушистых комочка. Им нужна была самочка на выкармливание. И нам пообещали, что они возьмут и наших котят на полный пансион и проживание и даже бесплатно, если мы привезем их вместе с мамой-кормилицей. А уж в зверином госпитале из клетки не убежишь, так что волей-неволей придется кормить своих, а теперь уже и чьих-то пушистиков. Вот такой приветливый оказался госпиталь.

Через пару дней мы позвонили, чтобы узнать, как поживают наши подопечные? Директор госпиталя, доктор Робертс, был доволен, сказал, что она прекрасная мамаша, гордящаяся своими малышами. А через неделю мы их навестили. Получилось так, что Малютке сделали внеплановую операцию, чтобы уберечь ее рожать котят в дальнейшем, и она лежала в отдельной от малышей клетке, вся еще в сонном угаре от лекарств, с распухшими молочными железами, похудевшая по неузнаваемости, и с таким отчаянием в глазах, что мы поняли, что лучше быть голодным зверем в лесу, на воле, чем сытым в больничной или зоопарковой клетке. Неволя - большое горе для любого животного и зверя, особенного родившегося в условиях дикой природы. Поэтому не мучьте зверей, не берите их без надобности из леса домой в закрытые квартиры. Они, наверняка, будут страдать...

Еще через неделю забирали мы нашу Малютку домой. Котята оставались в больнице, но на инх уже выстроилась очередь желавших их забрать в домашние условия одиноких бабуль- пенсионерок. Мы с ними даже не попрощались, так были огорчены похудевшей, потерявшейся и осунувшейся Малюткой. Казалось, что продлись ее неволя в клетке еще немного- и неизбежна смерть. Так ей, судя по ее отчаявшимся глазам, не хотелось больше жить...

Дома ее ждал уже пару недель, тоже усыхающий от одиночества Пират. Правда, он стал больше времени, не имея сородича, проводить с нами, людьми, и даже стал разговаривать с нами особым, появившимся во время тоски по жене и сестре, кошачим голосом. Я никогда ранее не наблюдавшая романтических отношений у животных, сейчас могла бы с точностью сказать: у животных все как у людей. Только язык иностранный, нам непонятный.

Глава восьмая. Возвращение. Когда машину подрулила к дому, я осторожно приоткрыла коробку с кошкой: как же она снова воспримет прежде такой знакомый и любимый ею мир? Малютка, до этого безучастная ко всему, робко высунула носик из коробки и потянула в себя воздух. Видно, наш сельский кислород ей понравился, и она втянула его в себя уже более жадно и стала озираться по сторонам. Потом – резкое движение – «прыг»- и она на свободе. Интересно, как встретит ее Пират? Он был тут же, неподалеку. И Малютка, взобравшаяся на крыльцо, ринулась было со всей распахнутой и исстрадавшейся своей душой к нему, но была как бы оттолкнута его индиферентностью и безразличием. Наш мальчик решил пообижаться, поиграть в обиду, наверняка, думая, что жена его покинула по своей доброй воле, совсем не знакомый со всеми испытаниями, которые ей, бедной, выпали на ее долю. Малютке выпало еще и новое испытание – он ее брат, муж и друг уже ее не ждал, не любил, не верил. Обнюхал, правда, ее хвостик, чтобы понять, та ли это дама, которой он очаровывался – и убрался восвояси, к себе в тень под трейлер. А она осталась одна, впервые в жизни, столкнувшись не только с личной женской драмой и испытаниями, выпавшими на ее долю, но и с предательством.

Глава девятая. Все становится на круги своя. Дни шли за днями. Наша пострадавшая мало ела и пила, больше лежала на утреннем солнышке, а днем в тени, и день за днем, овеваемая ветрами, доносившимися из леса, время от времени навещая мисочку с едой и отдельную - с водой, приходила в себя. На это ушел не день и не два, и даже не неделя. Но настал такой час в природе, когда видя мывшуюся на крыльце такую после больницы с тусклой шкуркой, а теперь оправлявшуюся кошку и заглянув ей в глаза, я поняла: Малютка выздоравливает, забывая все, что с ней в недалеком прошлом нехорошего было. Пират, правда, так и не проявлял к ней никаких признаков заботы, как было в период их весеннего брачевания, когда они вместе ели из одной миски, и в ночные холода грелись бок о бок в одной коробке. Но он ее и не обижал. Правда установил жестокую иерархию - сначала ест он, потом Малютка. Бедная девушка с этим смирилась, она по прежнему продолжала любить в нем брата, если не мужа, и обычно ей доставались не самые лакомые кусочки, а остатки. Поэтому Пират все прибывал в размерах, и рос, как и положено годовалому котенку, а малютка, иссушенная болезнью, операцией и новыми правилами, как бы, если не уменьшалась в размерах, то и не росла. И вскоре стало вдвое, а потом и втрое меньше Пираши. Мне, памятуя их периоды ухаживания друг за другом, когда они ожидали весеннее потомство, было немного обидно- Пираша вел себя как самый настоящий мужик, который заботится о даме (равно кошке) только пока он влюблен, а потом все предоставляет на самотек или ограничивает собой же изобретенными правилами. Но добрая сердобольная душа Малютки не таила зла к единокровному брату, и недоразумения улеглись сами собой, без того, чтобы вызвать какой-то отрицательный резонанс в котячьих отношениях.

«А жаль», - думала я перебирая старые котячьи фотографии, - «не успела кошка как следует выйти замуж, и вдруг такой облом»! На фото были изображены наш жених Пираша в розовом ободке на голове - короне и его возлюбленная невеста Малютка, накрытая белой фатой, позаимствованной нами у куклы. Она сидели у нас на коленях, и мы запечатлели их мордочки, придвинутые друг к другу как бы в поцелуе, дававшем клятву на верность. Идея провести какую-то церемонию брачного венчания посетила меня, кгда мы явно ошутили размеры надувшего брюшка

будущей мамаши и решив, что нехорошо котятам –ребятам рождаться бастардами, наскоро и провели, без священника обряд помолвки. Так и остались у меня в памяти и на фотографических страничках сладкая парочка, пускающаяся в кругосветное романтическое путешествие по жизни, полная иллюзий, что завтра будет таким же сладким, как и вчера, и еще не готовая ко встрече с трудностями. Ах, как говорится, знал бы где упадешь, дорожку подстелил бы! Наблюдая нынешние отношения этой сложившейся уже немолодой пары, прошедшей многочисленные испытания судьбы, о некоторых из которых мы еще расскажем ниже, я могу сказать, что из союз с Пирашей выстоял и сохранился, благодаря хрупкой и совсем как бы на первый взгляд непривлекательной маленькой кошечке Малютке, которая в отношениях с тем, кому навсегда открыла и посвятила свое сердце, сохранила гибкость и мудрость, подобную великому царедворцу Талейрану, жившему в Англии в глубине ушедших уже веков. А может гибкость, верность и мудрость - это чисто женская черта?

Главка десятая. Превратности обстоятельств, или имя - это судьба. Уезжая в течении лета порой на пару тройку дней на побережье в Галф Порт, мы всегда оставляли котов на попечение нашему дедушке, прося его просто насыпать им два раза в день корма в тарелочку. Коты, как водится, ели, но и нас не забывали: обычно по возвращении они ласково кидались к нам под ноги и терлись, мило мурлыкая. Но в этот раз нас по возвращении встретила только Малютка, Пират же сторонился и выглядел как-то уныло. Немного погодя, мы разглядели причину его странного настроения. Она была проста как божий день, ясна, как любой предмет солнечным днем – Пирашу просто побили. Правый глаз его был прикрыт и немного потек: удары справа, обычно в скрытом, эзотерическом, символическом значении указывают на противника –самца. Как и ушибы, уроны, удары, раны слева, показывают, что причиной их была женщина, или самка у животных. То есть, вероятно, наш герой попросту ввязался в драку.

То ли за территорию, то ли за какой-то кусок еды, то ли за новую самочку: кто ведает? Но, видно, что свое он защищал до последнего, а судя по его сильным лапам и независимому характеру что - что, а ударить Пираша умеет. Мы не сумели его затащить в дом: он нас сторонился, и немного поев, сбегал. Но через пару дней, он успокоился, и стал снова одомашниваться – и полуприкрытый его глазик стал выглядеть уже лучше. Он заживал. И тогда я впервые подумала, что ведь имя - это судьба. Не назови мы его Пиратом, кто знает, может никогда не пострадал бы его глаз, а так, налицо был одноглазый прототип, как бы известный нам из книг, рисунков и кино образ одноглазого знакомого пирата – человека. У зверей ведь все, как у людей. И законы судьбы, которые управляют человечеством, однозначно применимы к миру братьев наших меньших.

Главка одиннадцатая и пока заключительная. Как мы с ними живем... *А живем мы мирно и тихо, что называется «душа в душу». Пиратик приходит к нам в гости почти каждый вечер и нередко остается на ночевку. Спит он не только на коврике на полу в большой комнате, но и, случается, что запрыгивает ко мне на кровать с ласковым урчанием и поцелуями. За это я называю его сынком. Каждый раз по его приходе в дом, мы расчесываем щеточкой его брыли – то его опушку меха вокруг мордочки. Малютка, несмотря на все приглашения, в дом не заходит, наверное боится: и нас, и самого Пирата, который если она подходит к тарелке первой, бьет ее лапой по голове. Мол, знай, кто в доме хозяин! Так что Малютка строго соблюдает иерархию и до сих пор считает Пирата верховным божеством. Он у нее и начальник, и иерарх, и премьер-министр.*

Домик котов летом стоит невостребованным – там гнездятся до холодов только транзитные гастролеры- пауки. А теперь временами живет опоссум. Папа наш с присутствием новых членов семьи, котов, смирился, и даже одобрительно относится к тому, когда они со всех сторон ласково трутся об его ноги в предвкушении угощения - пластинок сыра. Что еще? Ах, да, собака Стретч, видя такое назойливое соседство со стороны днюющих и ночующих котов, переселилась на постоянное место жительства к дедушке в соседний домик. Но раз в день по- прежнему навещает нас, и даже вступает в диалог обнюхивания с самцом котячьего племени.

Мне же лично, никогда до этого случая в жизни не державшей в доме и не наблюдавшей котов вблизи, такой мирный семейный в домашних условиях эксперимент, очень понравился. И я собираюсь его продложить, то есть мирно сосуществовать на две семьи: котячую и человеческую. Если Вы заинтересовались историей о наших котах, я еще как нибудь продолжу этот рассказ, а пока могу лишь предложить Вам фото из нашего котячьего семейного альбома. И спасибо за внимание - будем дружить семьями!...

И между прочим, добро пожаловать к нам в гости на экскурсию!...Пишите мне по интернету: ntkachenko2000@yahoo.com или navar1@yandex.ru Ваша Наташа.

Рубрика : «Филологические находки».
Афоризмы от дочки Насти Вареницы записала мама Наталья Ткаченко.

Говорят, что устами младенца глаголет истина. Каждый получает свои откровения через уста своих малышей, тех, о ком небеса доверяют ему заботится. Сохраним ли мы их, первородными, трепетными для самих детей, источников откровений, для семейной истории и для потомков, дело индивидуальное. Я лично, едва ли думала, начав эти записи на клочках бумаги более чем десятилетие назад, что сегодня, в год, когда моей дочке исполняется - слава Богу! - 13 лет, ее «Детская Энциклопедия» по- прежнему будет для меня, а может и для Вас так энергетична и современна. В этих словах, фразах и ассоциациях – эволюция, которую проходит детское, подобное нетронутой целине сознание, в нашем взрослом мире и курьезы, *того, что этот мир, на их непосвященный и неискушенный взгляд, вероятно, совсем иной, чем он нам самим кажется... Итак...*

Учимся видеть подобное.

- *Она: «Ой, смотри, а у них клен вырос! (показывает на цветок в горшке).*

Я: «Это не клен, а чайная роза» (А листья, действительно, по форме похожи).

- *«Налистывай «Крокодила!» То есть на ее раннем детском означает: «Листай до «Крокодила!»*
- *18.01.96. «Нам» неполных шесть лет. Она: «Барсик яйца и бублики несет. Но яйца есть нельзя, потому что малыш их отогревает и детки вылупляются. А бублики кушать можно».*

Ее слово- и кличкообразования.

- *04.08.96. Она: «Там какой-то курятник! Три человека курят».*
- *21.09.96. В лесу. На грибы моховички – «меховички».*
- *11.10.96. Настя перепутала имена. Называет тетю Женю и дядю Фиму, наших гостей, «тетей Фимой и дядей Женей».*
- *Кошку по-молдавски называет «писица». А это должно звучать как «писика»*
- *11.11.95. Она: «Боба, Досик и Багемот. Досик носом чуфлит и чуфлит» (потому что батареи не топят – мой взрослый комментарий). «Шерефетка» на ее языке – «это такая лампа».*
- *«Лиса Тропакеевна» . Означает «Лиса Патрикеевна».*
- *Она: «Знаешь как зовут эту тетю? – и сама же отвечает- Светлана Ларисовна»*

- *Настя сама одела зимние сапоги летом в дождь и говорит: «Нельзя. Люди подумают, зимажистка я что ли?»*

- *Ей подарили две маленькие резиновые обезьянки-стиралки. «Обезьянята» - так ласково называет из она.*

Ее ассоциативный ряд.

- *15.11.95. Я: «Настя, вот карта (показываю). Это Тихий океан. «А где Громкий океан?» - спрашивает она. И немного погодя: «А где Быстрый океан?»*

- *09.12.95 Она: «Лягушка съежилась».*

- *Она: «Бог сделал собак из шерсти и ниток».*

- *О колготках капроновых она: «будто каша».*

- *11.01.97. аптеке. Настя увидела, как мужчина покупал соску. Выйдя на улицу она тоном, имитирующим взрослых, возмущенно: «Ничего не пойму! Это же аптека, а не сосочная!»*

- *Я ей: «Не ешь сахар, будет сахарный диабет! Ешь мед». Она быстренько: «А от меда будет диабет медовый!»*

- *Я: «К кому-то «Скорая» приехала, кто-то копыта отбросил». Она: «Это наверное Сливина (нашего соседа) собака». Мы накануне вместе видели эту собаку очень худой.*

Ее желание быть на виду.

- *18.11.95. Она: «Знаешь, почему я всегда обманываю?.. Потому что хочу рассказать что нибудь интересное людям тоже».*

- *03.12.95. Она: «Я уже здесь как тут». То есть означает (тут как тут).*

- *Все время рассказывает про человечков и фею. «У человечков это так, а это так...» И им, как выяснилось, «только два года бывает». И детей они не рожают.*

Разное.

- *17.12.95. Она: «Хочу потрогать зуб лошади!»*

- *Насте купили туфли местной фирмы «Зориле», а она хотела американской «Ле Монти». Обиделась и поет: «Зориле-Ле Монти».*

- *28.08.96. Веду ее в последний перед школой день в садик. Для «проводов» купила сладких конфет «Дюшес». Она, взяв с ними кулек: «Мама, смотри, пчелу купили!»*

- *Я спрашиваю: «Настя, лед какого цвета?» Она отвечает: «Стеклянный».*

Ее знания о мире.

- *17.08.96. Я спрашиваю ее: «Может в Турцию поедем? Там правда 200 долларов путевка». Она: « Двести доларов, двести долларов. Зато там улицы шампунями моют. Можно аж облизывать!»*

Ее социализация – внедрение в жизнь общества.

- *30.08.96. В публичном транспорте. Вздохнув, как всегда перед очередной «мудростью»: «Хорошо пчелам, они умеют летать. И им не надо ездить на троллейбусе!»*

- *В школе. «Тащится» от имени Роза Семеновна - это имя зауча.*

- *19.09.96. Получила первую в жизни «десятку»- высший бал в системе молдавских школ. Умница! А фамилия ее первой учительницы – Заяц. Комментирует : «Ну и дела!»*

- *11.01.97. В троллейбусе увидев гражданку в рыжей шубе : «У нее шуба из кота Базилио». Я со сдержанной усмешкой отвечаю, что это крашенный кролик. А потом, оценив способность владелицы шубы, пожилой женщины к юмору, не стесняясь, улыбаясь, рассказываю ей из «кого» ее шуба сделана.*

- *09.06.96. Настя о герое мексиканского сериала «Тропиканка»: «Вирджилио- это не человек. Вирджилио- это богатая тварь!!!»*

- *И еще в тот же веселый «постканикульный» день. Увидела на подходе к дому мужчину с перекошенным лицом, очень здорово изобразила его, проходя мимо и мы вместе долго смеялись.*

Из ее раннего младенческого.

- *Вуво – ухо. Тюл – стул. Ботиба- ботинки. Ук- лук. Гой- мяч. Коть- кость. Оей- орел. Куика- клубника. Ага- нога. Ока –рука. Себя называет Астя – Настя.*

Опять словообразования.

- *20.07.96. Приносит две разные кроссовки. Спрашивает : «Это чьи?» Отвечаю: «Сережины». Она: «одни дачные, другие – львовные». (Львов- это город, где учится ее дядя Сережа, мамин брат).*

- *30.05.96 Про добродушного пса Рекса: «Он такой душный, добрый!»*

- *29.07.96. Дедушка Настю спрашивает: «Что баба сказала?» Она: «Разлюбопытился, ишь какой!»*

- *Еще она мне: «Держи (спрячь во взрослом эквиваленте) от них язык подальше - вот мой совет! Потом сама пожалеешь, вот увидишь!»*

- *12.04.96. Она о юморе по телевизору: «Ну и вздор!»*

Опять ее детские ассоциации.

- *Она: «На куртке шарики» (капли дождя).*

- *27.04.96. Она: «Лягушки, наверное больны лягушачьей болезью: у них пупырышки на коже...»*

- *10.05.96. Она меня спрашивает: «Сглазить- это глаза не будет?»*

Дух соревнования, не чуждый ни одной системе, ни одному человеку, заимствованный от книжных героев...

- *Я ей: «Где твои перчатки?». Она мне: « Какая-то душа их запрятала. Я рыскала- рыскала...» Я отвечаю: «Это я их спрятала». Она, остановилась: «Ну хорошо». И добавила жестко: «Посмотрим, кто победит!»*

Ее новый ракурс на авторитеты.

- *20.04.96. Я ей рассказываю, что человек произошел от обезьяны. Описываю, как последние жили. Она: «А что, баба Оля (бабушка, которая принимает активное участие в ее воспитании) тоже была обезьяной и висела на пальме?»*

О передислокации людей во времени и пространстве.

- *30.04.96. Не помню, по какому поводу, вероятно, вопросы стариков к ней: «А где дед будет жить?» Ее ответ, учитывая фактор времени, лаконичен: «на кладбище...»*

Ее восприятие жизненной философии.

- *08.06.96. Ей шесть лет. Она: «Расскажи мне историю, когда я была маленькой!» Я: «А что, сейчас ты большая?» Она: «Ну когда мне был один годик?» Я: «Ты писала в штанишки и получала за это по кузону» (думаю, переводить это слово читателю не нужно?) Она, тяжело вздыхая: «Просто Бог мне такую жизнь дал!...»*

Ее открытия.

- *Увидела лысого: «А что, у людей голова покрыта кожей, как у него?»*
- *15.05.96. Увидела косьбу: «Траву щиплют?»...*
- *Увидела здание парламента. Спрашивает: «Это лицей?»*
- *03.08.96. Хихикает. Я спрашиваю, что такое? Отвечает: «Видела, какой толстяк на лавке сидит? Всю лавку бы провалил!»*
- *«Дом с ногами» (строится крыша)*
- *«Шоколадные туфли» (лаковые)*

Нам семь лет.

- *Она речетативом: «Какой-то хвост из трех я собираюсь одеть: лисовский, котовский или мычешкин? Поет дальше: «Я Лиса Лисовна, и Кошечка Кисовна».*

Нам пять лет и два с половиной месяца *(таким образом, начало августа 1995 года).*

- *Она: «Мама, когда я вырасту, я стану космонавтом, чтобы полететь в небо и увидеть Бога! (Бог последнее время и темы, связанные со смертью, бессмертием, воскрешением очень занимают ее воображение).*
- *13.08.95. Она: «Бог слепил людей из глины, а потом они превратились в кожу?»*

- *25.08.95. Она: «Мама, а уже закончился яблочный Спас?» Я: «Нет. А как ты запомнила это название?» Она, удивляясь моей забывчивости: «Мы ведь яблочный пирог делали!» И немного погодя: «Мама, а когда яблочный Спас, яблоки спасаются?» И через пару минут: «Мама, а когда Грушин Спас?»*

Насте почти пять лет.

- *Она: «Песья порода хочет записаться в людячью работу».*

- *Ее «легавная собака» (производное от легавой собаки).*

- *Семена клена называет «носики».*

- *26.08.95. Она: «Мама, пойдем с тобой в попугайный магазин!»*

- *На кошку сказала «Брыська» (ей пять лет и четыре месяца).*

Новая геометрическая фигура, обнаруженная с ее подачи

- *19.09.95. «Круглый, но не очень треугольник».*

- *03.06.95. Увидав шнуровку на блузе у девушки, говорит: «У тети как ботинок».*

Пытаемся проникнуть в тайны мироздания

- *03.06.95. 20 часов 28 минут по Молдове. Она: «Мама, а кто был первый?» Я: «В смысле?» Она: «Ну самый первый человек?»*

Немного из ранней сексуальности.

- *25.08.95 Она: «Мама, знаешь, что счас будет? Сейчас будет такая бесстыдность!» Задрав ноги и удерживая трусики, обнажает кузон: «Пись, как!..» (таким образом демонстрируя функциональные способности кузона).*

Просто...

- *Я недописала нижнюю палочку в заглавной печатной букве Е (получилась как бы латинская F). Настя: «Допиши скорее, это же буква из другого города! (другого алфавита).*

- *Март 1995. Идем по весенней улице. Двое бухариков (алкашей) продают подснежники. Я покупаю букетик. Настя: «Вот и хорошо, что купили. А то мне их жалко было, они дрожали (то есть по нашему взрослому трепыхались на ветру).*

- *Сказку, которую я сочиняла для маленькой Насти про нее саму:* *«Жил-был мацуцик. И он был маленький и непослушний. И однажды мама надавала мацуцику по кузе. И кузя совсем и не обиделась. Зато мацуцик обиделся и стал кричать. Кричал он долго и громко, потому что это его любимое занятие А потом, когда пришел папа, мацуцик стал ему жаловаться. Вообще, когда приходит папа, мацуцик рад. «Гы-гы!»- этой фразой папаня всегда приветствовал мацуцика».*

Три с половиной года. Коронные...

- *Шпион – это людь?*

- *На конфеты «Грильяж» говорит: гирьяж.*

- *Напевает: «Шла коза по улочкам, забодала улочки»*

- *На мех говорит «меф».*

- *Спрашивает: «Людь может умереть от сапог с мефом?» Видно, очень не любит эти сапоги.*

- *Я перед сном в кровати: «Кто прилез на мое лижко (ложе по-украински). Медведь?» Она мне: «Не говори глупости. Я не медведь, а ЛЮДЬ!*

- *Свежий хлеб назвает «молодой хлеб».*

- *На пихтовое масло говорит «пиховое» масло.*

Насте 4 года.

- *Я спрашиваю ее: «Где йод?» Она отвечает: «Дедушка его своей бабе-царице унес. (Царица - это кодовое название очередной дедушкиной «зазнобы»).*

- *4 года 1 месяц. На пляже. Она: «А там один мальчик был без трусков». Я: «А как ты догадалась, что это мальчик?» Она: «У него не было бантика». Я: «Но ведь у тебя тоже нет бантика, а ты девочка». Долгое молчание в ответ А потом святое неведение или игра в него: «А у него писька была как колбаска!»*

- *4 года 9 месяцев. Я на базаре: «Яйца -то не домашние, а казенные». Она: «Что, коза несет яйца?».*

- *Бывший свекор, будучи пьяным, как-то раз дал мне по голове табуретом. Единственым человеком, который поддержал меня, несмотря на свою юный возраст по поводу разрыва отношений, хоть она и очень привязана к бабушке – Настя. Ее аргументы: «Ты что, хочешь, чтобы тебе еще раз по голове дали?»*

- *4 года 8 месяцев. Настя, увидев красивый конверт, присланный мне из за рубежа: «Мама, отдай мне скорлупку!».*

- *Я ей: «Настя, нос нельзя кусать, это мягкие ткани!» Она: «А что и это (показывает на лицо)- ткани?» Я: «Да». Она: «Так что человека - сшили?»*

- *4 с половиной года. Она: «Мама, знаешь, кто я буду, когда вырасту? Не работница, не школьница, а строльница! Строю все!»*

- *Опять 4, 5 года. Она: «Мама, эта косынка как ласточка!» Я: « А что, она летает? Ответ: «Нет, у нее хвост длинный...»*
  В разбивочку.

- *13.10.95. Вода щекотная (она о минеральной воде).*

- *15.10.95. Она: «А люди, которых показывают по телевизору - настоящие?»*

- *24.10.95. Об осенних листьях: «Чего такую красоту подметают и жгут впридачу?»*

- *10.11.95. Я ее называю в шутку «бурчила писучая» - потому что писает в постель и бурчит по утрам в ответ на мою критику.*

- *Инвалид в ее варианте «анболит».*

- *Бешеный боба - о собаке.*

- *Она: «Где красный карандаш? Потерялся с маравалкой что ли?» (в «переводе» - со стиральной резинкой).*

- *«Мама, а по - кишиневски петь будут?» (наслушавшись итальянской оперы).*
- *«Хохматство» на ее языке, значит быть лохматым.*
- *«Мыська» - я ее зову так, «Шмыся». Для того, чтобы понять, почему, надо посмотреть ее портретики в возрасте шести лет!*
- *24.10.95. Она: «Мама, мне снился сон, что бабушка Зина (моя покойная мама – примечание автора) ожила. Она сидела на скамейке около садика и смотрела на меня. Я тебе это сказала, и мы пошли туда и нашли ее. А она потом мне купила маленького щеночка. И жила с нами и никогда не умирала, даже когда была совсем старенькой...» Добрая девочка! Спасибо ей за принятие болезненных воспоминаний моей жизни об ушедшей маме в своей сознание!*
- *28.10.95. Она мне: «Знаешь, почему ворона не захотела есть этот орех? Он с червяконными яйцами! Она учуяла и не захотела...»*
- *Мама, а как будет стишок «под мостом поймали»... Я: «Кого поймали?» Она: «Ну кого-то с хвостом!» Я: «А, ну вот: Внимание, внимание, говорит Германия, сегодня под мостом поймали ...», она добавляет от себя проказливым голосом: «Деда Колю с хвостом!» По тексту идет другое.*

«Старый» ребенок - умный ребенок».

- *У нас в доме завелась мышь. Настя советует поставить мышеловку и купить в магазине сосиску, чтобы «мышь цапнула за сосиску и попала в мышеловку». Старый, мудрый ребенок!*
- *09.01.95. Узнала породу своей любимой собачки Тюбика и говорит ему, гладя уши: «Хорошенький, Чи-хуа-хуа теперь твоя фамилия будет!»*
- *01.04.95. Она мне: «Поставь колени горочкой!»*

- *22.12.97. Я: «Что, Наська зубы передние еще не прорезались?» Она, сварливо, имитируя интонации взрослых: «Не прорезались, не прорезались - весь язык в крови!» Еще как, мол, прорезались!*

- *На мои попреки по поводу учебы в школе, отвечает: «Ну и что, что у меня по математике шестерки и семерки (оценки в смысле). У тебя- то ведь были одни «пятерки» (сравнивает, что некорректно, разные десятибальную и пятибальную со старых времен системы проставления оценок, неоспоримо выстраивая преимущество в свою пользу).*

- *Беременной собаке Цыганке говорит: «Поднимайся, у тебя же ребенок замерзнет!»...*

- *07.04.97. Рассказывает о прошедшем дне. Ученик в Настиной молдавской школе обозвал учительницу румынского «молдаванкой». Она, обидевшись, назвала мальчика - метиса «негром».*

- *Слово «энергетический» смешно переиначила. Как – не помню.*

- *20.04.97. Назвала щенка «Солнечный лучик». Кстати, очень восприняла мои выкладки в связи с посещением астрологической академии. Интуитивно синтезировала и вышла на свой, совершенно особый уровень осознания Тайного. Впитывает крупицы эзотерических знаний, как губка воду. Интересно. Человечек шестой расы.*

Детский лепет...

2 года... *В два года прекрасно освоено понятие **«МОЕ»**!!! Еще бы не освоить, корни –то национальные – украинские. 08.06.92 Говорит слова и требует подтверждения от меня, чтобы я ПРАВИЛЬНО назвала слово, которое она модифицировала. Так, к примеру, вместо слова «вон» говорит «вонь», вместо «туда», смягчая, «тюда». «Сумку» называет «сума», вместо «запачкалась» говорит «паче», на фразу мою «ручки мой» откликается «рючки», выражение готовить еду заменяет на «нюма»,* *когда голодная, говорит «гооня», слово «хлеб» умещается в емком «еп». На слово «брать» говорит по своему – «бьять», то есть «р» пока не выговаривается, да и рано еще. «Кака» говорит о грязном, произносит по - взрослому такие слова как «вот так», «опять», «мое». По своему переиначила слово «рисовать» Получилось что-то неправдоподобное, но понятное для нее – «дгодговать», то есть старательно заменена (с подстраховкой) буква «р». На «небо» говорит, указывая пальчиком «неб», слово горячее, опять заменила на свое, отдаленно напоминающее оригинал - «каятя». На «теплое» говорит «тептя», на слово хватит отзывается «хватя», «мишку» называет «мика», когда кого надо предупредить, грозит пальчиком со словами «ню-ню-ню», значит, по - ее «нельзя».» Пыг» говорит на слово «прыг», а на фразу «молока попей» выдает коронное «мамока попей». «Поея» называется на ее языке «козленок», «пуа» - «пол», а «тяп-тяп пуа» означает отпустить ее с рук на пол походить.*

3 года.

- *Она, имитируя звонок по телефону, всерьез держась за трубку: «Алле! Ея? (Зоя)? Мушик нашелся.» Потом через какое-то время до меня доносится еще одна неоизобретенная фраза «электрические таблетки». Интересно, от чего она их прописала своим куклам и зверям?*

- *В детском саду слышу, как она говорит своей «товарке»: «Болиска, (что означает «Лариска») у меня в животике мацуцичный котеночек!» Такое вот откровение, откуда берутся и дети и звери.*

1 год и 8 месяцев.

- *«Бабах куртя» означает по ее версии «упала крутка» А Вы что подумали?*

- *«Кики» - это конфетки. «Кап- кап»- купаться. «Гойя» - это голая. А баба Оя - это бабушка Оля.*

- *«Кой-кой»- колет что то ее. То есть много двойных слов, чтобы подчеркнуть действие.*

- *31 января. На слово «гол» по телефозору повторяет «гой»*

- *На слово «царь» из детской книжки - эхом откликается «тцай». Таким образом, в этом возрасте уже формируются шипящие.*

- *На вопрос о том, сколько ей лет покакзывает пальцами один годик и озвучивает «Эдин годи».*

1 год и 9 месяцев.

- *На слово «юбка» говорит «юпка», слово «буква» осваивает как «бука». Говорит «будька» вместо «будки». Знает такие буквы как А, Я, Ю,И, О, Б, букву Ж называет почему то «тю-тю», как поезд, и пчела, что показывает наличие одного найменования для нескольких понятий. На букву «Р» говорит «ги». Слова повторяет тут же, иногда теряя некоторые буквы. Так тетя Люда автоматически становится тетей «Юдой».*

- *Четко произносит такие парные согласные, как пищит мышка - «пи-пи», и гудит автомобиль – «би-би».*

- *На сиреневую любимую прищепку (мы постоянно вместе развешиваем для просушки ее белье, это уже особый ритуал) навешивает ярлык «пкепка», и я сама потом долго так называю это предмет, думая, что так - гораздо удобнее.*

- *Когда подклеиваем разваливающиеся книжки говорит с воодушевлением «кей-кей!», то есть, вероятно «клей».*

- *Вместо «рыба» пока еще говорит «ыба». Себя называет почему то «няня». Может это от слова «ляля»?*

- *На кость от дичи говорит «коть». «С» пропускает.*

А вот еще более раннее. Полтора года. Если точнее - 1 год и 5,5 месяцев.

- *«Пупа», показывая на свой пупчик*

- *«Титя», а также «сися» и «зизи», показывая то ли на зайчика, то ли на мою грудь.*

- *«Кука» - это шкурка, и «кука» - это куколка. По сценарию и декорациям.*

- *Громкое и протяжное, как сигнализация «А- а!» когда просится на горшочек или хочет спать.*

- *Говорит быстро, четко отождествляя с понятиями, такие слова как мама, папа, дядя, баба – ее внутренний мир и окружение. Знает героиню сказок Бабу Ягу – это «баба И-ига». Быстро ловит новое.*

- *«Га-га» - это гусь и одновременно бурление газов в ее желудке, от которых многие малютки страдают спервоначалу.*

- *Первое слово, которое сознательно произносит в возрасте **шести** месяцев от роду, это «дай». До этого какие-то непонятные народу тарабарские песенки от раннего младенчества и гулюкания. Кое-что было даже записано на кассету. Интересно, сохранила ли она еще звук?*

- *Потом опять же к шести с половиной проявляется слово «папа», это мифологический герой, которого почти никогда нет дома, но при этом роль которого в ее сознании увеличивается в важности подобно герометрической прогрессии.*

- *Месяцам к восьми начинает потихоньку и регулярно именовать меня мамой - ну слава богу, взяли и нас на вторые роли!.. А на что еще может претендовать обслуга? Шучу, конечно!*

Ребенок - самообучающаяся система.

- *Удивительно дифференцирует на небе Луну и звездочки.*

- *Себя называет «няня» и «Астя», почти полностью воспроизводя свое имя.*

- *Имитирует собаку как «ау», то есть «гав».*

- *Папу Карло - героя сказки про Буратино называет, показывая на картинку «Ка-ка!» Бедный Карло, как его, наверное, только не называли!*

- *На улице обращается к птичкам – «гули – гули – гули – гули!»*

- *В год и четыре месяца имитирует: «гусь гогоче га- га – га».*

- *Наверное, на коня говорит: «гои- гои- гои- гои». Таким образом многократно закрепляя в своей памяти действие.*

- *Считает шаги, когда идет: «путя - путя – путя- путя», еще не подозревая своей подростковой любви к одноименному Российскому президенту. А может на подсознании откладывается это звучание, и совпав кодом с фамилией, дает только положительную реакцию на героя? От подкорки - то своей не отречешься!.. Опять шучу.*

- *«Го-го» - это гвоздика, цветок.*

- *Что такое «Гогия- гогия», до сих пор не знаю. Может это грузин, который когда-то покажется на нашем горизонте?*

- *В раскачку «а-ап» - это когда падает, но так, чтоб не больно.*

- *Когда просится вверх, на ручки, прыгает.*

- *Когда хочет себе попенять, бьет себя по «кузе» (перевод уже знаете) в подражание наказывающей маме.*

- *«Ам» - сует маме пальчик в рот или собаке. Вероятно, это означает «есть», «кушать». Этот же «ам»- комментарий собачьего лая.*

- *«Апрау» - это «упало что-то».*

- *«Вава» - это распространенное детское о ранках, порезах, ушибах.*

- *«Патье» - это платье. Почти как от французов.*

- *«Ук» - это лук*

- *Первое ноября. Появляется в нашем лексиконе «Мика» - это мишка.*

- *Наконец-то, после долгих дедуктивных методов доискиваюсь, что такое «брулон» или «срулон». Всего лишь навсего кулон. То-то же. А Вы что подумали?*

- *«Куика» - это клубника, а «кей» - это конфеты. Подобное иностранному слову «ключ».*

- *«Ботька» - это бочка*

- *«Кать-кать» - это катать тележку, а «катя» с ударением на втором слоге - это котенок.*

- *«Баа» - это буковки, она знает же половину алфавита, гласные и согласные.*

- *«Кайа» - это койот, такая мягкая игрушка у нас. «Ка(р)ля» - это Карлсон, с такой первой слабенькой попыткой взять «Р». «Абуй» - это арбуз. «Путя» - это пупсик, а «майка» — это майка.*

- *«Масяфны» или «масяфы» - это шахматы. А мы и не знали, что есть такое удобное слово!*

- *А «мамичка» - это наполовину по-русски мамочка, а наполовину по- молдавски, вероятно, принесенное из садика их «мамика».*

- *Наська нарисовала гуся на картинке - первый штрих пером.*

- *«Бай – бай» Она подолгу баюкает кукол, укрывает, кладет подушечку на колени и долго протяжно поет. А «Акака» – так зовут ее маленького пупсика Аркашу. Интересно, откуда взялось в нашем общем репертуаре это затейливое и витиеватое имя? Или оно было на ярлычке у игрушки?*

- *«Бабайка» - это то же, что и Баба Яга - еще одни страхи прививает с детства наша культура через сказки. Интересно, а как у маленьких японцев со страхами?*

С младых ногтей - на иностранном…И в шутку и в серьез.

- *В год и 6 месяцев говорит почти как по- английский «бай- бай», «кап-кап» и «ку- ку». Во взрослом возрасте 11, 5 лет, переселенная в Америку сервоначалу английский язык воспринимает агрессивно, ей явно в «лом», потом резко адаптируется (через 4 - 6 месяцев) и у меня уже с ее иностранным языком проблем нет. Все уйдет - это останется! Мое первое с ее приемным отцом ей приданное. Язык, на котором говорит половина населения Земного шара. Преподанный на хорошем уровне. К сожалению, некоторые другие мои дары, как возможность научить ее играть на фортепьяно к примеру, отвергает.*

Заговорили связно и предложениями, наконец-таки.

- *Между прочим, под такое событие у меня была даже и дата зафиксированна – 5-ое марта 1991 года.*

- *Рассказывает: «Мама тяп-тяп ням-ням», что означает в переводе с детского «мама пошла гулять и принесла еду».*

- *Указывая на предмет: «Опять таейка», что несет смысл «Котик опять залез в тарелку».*

- *При выходе на улицу весенним теплым днем замечает: «Мама, уапка!», то есть дословно «Мама, ты забыла шапку!»*

- *Ругается «Еуки- пауки». Или еще: « Баба Оля- твай, мам- твай, папа- твай!» Ну это- совсем уже непорядочно. Как будто мы все твари какие!*

- *Или такие вот наблюдения в парке, разлядев уже не знаю как, маленькие - они-то глазастые, в траве муравьев, кричит удивленно: «сися!», что на ее детском до этого означало «зайчишка», уж, вероятно и не знает, как их назвать. Расширять словарик надо, голубка! Время-то пришло по всему!*

Первые страхи, этакие темные уголки сознания.

- *«Воук лесу еука пать» расшифровывается как «Волк спит в лесу под елкой».*

- *Папы нет дома: «Папу воук ням-ням». Хорошенькое объяснение вечно отсутствующим папам. Или еще о том же волке «Воук дема»? Что означает «Волк дома»? Волк – это, наверное, такая расхожая страшилка для маленьких, культивируемая из книжек и нашего допотопного сознания.*

- *«Папа, тюи!» - приносит папины трусы.*

В два года сразу же повторяет понравившиеся слова.

- *Хорошо освоила окружение: баба Оля, дед Вайя (Вася).*

  Повторяет по - своему клички собак Хвостика и Тобика.

А вот и первая дразнилка, сочиненная то ли мной, то ли ею: «У Настюши бедный крот, и его зовут Банкрот». Но здесь сознание делает уже резкий поворот к нашему осмысленному и построенному взрослыми миру, и для исследовательского материала освоения словарного запаса больше в данном контексте не интересен. Это уже тема анализа словарного ряда и его интерпретаций, использования нашего «взрослого», мира на равных.

Наши маленькие «инопланетяне» прилетели и приземлились именно на нашу планету, заселили именно такой, а не другой уголок земли. Я думаю, подобные чудеса лингвистического и семантического познания мира, открыть через своего ребенка может любая даже в филологическом смысле не профессональная мама: корейская, русская, молдавская и японская. А также еще пары сотен народов и народностей, населяющих нашу необъятную Землю. Главное, чтобы хватило любопытства выслушать и желания сохранить, кропотливо записав эти бесценные дары... И спасибо за внимание! Всегда рада услышать о ваших открытиях на ntkachenko@yahoo.com или navar1@yandex.ru

Послесловие от автора: Хотя в основе вышеописанных материалов лежат документальные факты, данная книга - это всего лишь проекция к реальности, то есть интерпретированная автором и вымышленная действительность. Любое сходство читателя с героями сюжетов - непреднамеренное и случайное. За любые совпадения жизненнных коллизий читателя с судьбами вышеописанных персонажей автор отвественности не несет...